Werner Giessing

Das richtige Pendeln

«Immer eine zuverlässige Antwort»

Das komplette Pendel-Handbuch
Formen, Materialien, Pendeltechniken, Rituale
Insidertips und Profiwissen

WINDPFERD

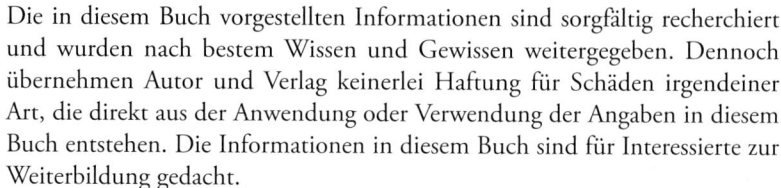

Die in diesem Buch vorgestellten Informationen sind sorgfältig recherchiert und wurden nach bestem Wissen und Gewissen weitergegeben. Dennoch übernehmen Autor und Verlag keinerlei Haftung für Schäden irgendeiner Art, die direkt aus der Anwendung oder Verwendung der Angaben in diesem Buch entstehen. Die Informationen in diesem Buch sind für Interessierte zur Weiterbildung gedacht.

8. Auflage 2008
© 1999 by Windpferd Verlagsgesellschaft mbH, Oberstdorf
www.windpferd.de
Alle Rechte vorbehalten
Umschlaggestaltung: Kuhn Grafik, Digitales Design, Zürich,
unter Verwendung einer Illustration von Peter Ehrhardt
Illustrationen im Innenteil:
Peter Ehrhardt: S. 36 mitte u. unten, 38, 56, 57, 61, 67, 69, 70
Kuhn Design, Zürich: S. 23
Ulla Mayer-Raichle: S. 35, 60 oben, 68, 72
Lektorat: Brigitte Gabler, Korrektorat: Gabriele Wurff
Gesamtherstellung: Schneelöwe Verlagsberatung & Verlag, Oberstdorf
ISBN 978-3-89385-328-1

Printed in Germany

Inhaltsverzeichnis

Vorwort

Das Pendel ist ein faszinierendes Werkzeug, das schon für manch abenteuerlich anmutende Geschichte gesorgt hat. Die einen fanden Wasser, Erdöl oder Bodenschätze, andere haben Unfallstraßen untersucht und geopathisch gestörte Zonen geortet. Früher wurden vor allem Viehställe, in denen die Tiere unruhig oder gar bösartig wurden, nach Erdstrahlen untersucht, heute sind es hauptsächlich unsere ganz privaten Schlafplätze, die wir genauer betrachten. Natürlich ist auch der Elektrosmog zu einem großen Thema geworden, denn am Arbeitsplatz wie auch zu Hause befinden sich bei uns allen zahlreiche Lampen und Geräte. Doch auch vermißte Personen, Krankheiten, Medikamente, Lebensmittel oder alles, was unsere persönliche Lebensqualität hebt, kann dank dem Pendel ermittelt und bestimmt werden.

Pendeln kann man auf verschiedene Arten erlernen, doch meistens sind die Anleitungen entweder extrem kompliziert oder es fehlen genau all die kleinen Details, die für den Leser und für den Anfang so besonders wichtig wären.

Werner Giessing hat die großartige Gabe, auf eine sehr einfühlsame und klare Weise das Wissen und die Zusammenhänge zu vermitteln, ohne dabei die Basisinformationen zu vernachlässigen. Er gehört zu den Menschen, denen man stundenlang zuhören kann, weil das trockene Fachwissen in Gefühle und Bilder gehüllt wird und er sein großes Wissen mit viel Herz und Verstand weitergibt. Das vorliegende Buch gehört sicherlich zu den besten, die auf dem Markt erhältlich sind. Es entspricht in jeder Hinsicht dem aktuellen Zeitgeist, ob fachlich, inhaltlich und natürlich auch in der Präsentation.

Werner Giessing ist ein ausgezeichneter Autor, Kursleiter und Berater und mit diesem Buch hat er das einmal mehr bewiesen.

Brigitte Gärtner,
Autorin und Pendelexpertin

Einleitung

Liebe Leser,

ich freue mich über Ihr Interesse an diesem Buch. Ich möchte Sie gerne mit einem Gebiet bekannt machen, mit dem Sie sich eine Quelle von Antworten und Inspirationen erschließen können. Auch dem erfahrenen Pendler hoffe ich noch Interessantes und Anschauliches bieten zu können. Auf jeden Fall werden Sie mit sich, mit Ihrem Pendel und mit anderen Menschen Dinge erleben, die es rein naturwissenschaftlich gesehen (nach dem heutigen Stand) weder geben sollte noch geben darf.

Den Aspekt der wissenschaftlichen Beweisbarkeit stellen Sie erst einmal beiseite. Sie werden sehr schnell merken, daß das Pendeln als solches wissenschaftlich noch nicht schlüssig erklärbar ist, jedoch die Richtigkeit der Ergebnisse hält einer gewissenhaften Prüfung allemal stand.

Lesen Sie dieses Buch und testen Sie die Welt mit dem Pendel aus. Setzen Sie die Anregungen in die Praxis um. Probieren Sie, prüfen Sie – und urteilen Sie anschließend.

Freuen Sie sich mit mir auf Erlebnisse und Ergebnisse, die Sie auf jeden Fall bereichern werden.

Bei allem Fachlichen, bei allem Ernst des Lebens vergessen Sie bitte nie:

Die Beschäftigung mit dem Pendel soll Sie bereichern und Ihnen Freude bereiten. Wenn die Ergebnisse mal nicht so ausfallen wie Sie es sich gewünscht haben, bedenken Sie, daß es immer zwei Seiten gibt, wie man eine Sache sehen kann. Das Glas kann halb voll und auch gleichzeitig halb leer sein. Meßtechnisch gesehen ist es ein und dasselbe. Wenn Sie es aber halb voll sehen, geht es Ihnen schlicht und ergreifend besser. Die Dinge positiv zu werten, hat noch nie jemandem geschadet, nur genützt.

Versprechen

Ich verspreche Ihnen, daß alles, was Sie in diesem Buch lesen werden, praktisch anwendbar ist, auch wenn Sie das eine oder andere finden werden, bei dem Ihnen Ihr Verstand erst einmal sagt, daß es gar nicht funktionieren kann. Für die Gesetze der Natur sind weder der Stand der Wissenschaft noch der menschliche Verstand maßgebend.

Garantieren kann und will ich Ihnen jedoch nichts, denn letztendlich liegt es an Ihnen, ob Sie bereit und offen sind, Erfahrungen mit dem Pendel zu machen. Alles was Sie zunächst brauchen ist Interesse und ein wenig Geduld, dann werden Sie sehr bald interessante Ergebnisse erzielen.

Wer kann pendeln?

Grundsätzlich ist das Pendeln weder an Geschlecht noch an Alter oder Intellekt gebunden. Ob es sich um ein 8jähriges Kind oder um einen 80jährigen Rentner handelt, ob der Mensch schwer reich ist oder arm wie eine Kirchenmaus, ob Mönch, Sekretärin, Arzt oder Bauarbeiter: Es gibt keinerlei Beschränkung in Bezug auf die Pendelfähigkeit.

Wenn wir mit dem Pendel arbeiten, benutzen wir eine Informationsquelle die zu uns gehört, die in jedem von uns steckt. Die Fähigkeit, Energien zu erfassen und sie zu erfühlen, gehört zu jedem Menschen. Die Kunst besteht nachher nur noch darin, diese Informationen richtig zu deuten.

Pendeln ist gar nicht so geheimnisvoll und mysteriös, und es hat auch nichts mit Magie im herkömmlichen Sinne zu tun. Jeder der sich die Zeit nimmt, um sich kritisch mit dem Thema Pendeln auseinanderzusetzen, kann den Umgang mit dem Pendel erlernen. Der eine ist vielleicht lediglich etwas begabter als der andere aber: Jeder kann es. Die Erfahrung hat allerdings gezeigt, das Kinder, Frauen und reife Männer es ein wenig leichter beim Erlernen des Pendelns haben.

FRAGE: Ich bin zu wenig sensitiv. Kann auch ich Pendeln?
ANTWORT: Ja natürlich. Dem Pendel und auch Ihrem Unterbewußtsein ist es egal, ob sie sich für sensitiv halten oder nicht. Wenn wirklich, was ich jedoch bezweifle, eine mangelnde Sensitivität vorliegt, so ist gerade das Pendel ein ideales Werkzeug, Ihre Fähigkeiten zu wecken und zu forcieren.

Der Aufbau des Pendels

Das Pendel besteht aus drei Hauptkomponenten:
1. Dem Pendelkörper. Dieser kann massiv, hohl, verschlossen oder offen sein.
2. Einer Befestigung, die das Schwingverhalten des Pendelkörpers zuläßt. Also eine Kette, ein Band, ein Seil, eine Schnur, ein Tau aber auch ein dünner Draht. Es könnte sogar ein Stück von einem Silikonschlauch sein.
3. Dem Abschluß. Dies kann ein Ring, eine Perle, ein Anhänger, ein Symbol oder auch einfach ein Knoten sein. Einen Ring als Abschluß ziehe ich vor, da er übertragene Energien in eine unendliche Rotation bringt und somit den Übergang von negativen Energien zum Körper des Pendlers erschwert. Den selben Effekt kann auch ein Symbol erfüllen.

Welches Pendel für den Anfang?

Sie müssen sich kein spezielles Pendel kaufen, es geht auch anders:

Alles was Sie brauchen ist ein ca. 10 bis 20 cm langes Seil, Kette, Schnur oder ähnliches, sowie einen kleinen möglichst massiven Gegenstand mit einem Gewicht von 10 bis 20 g und schon kann's losgehen. Oft wird zum Beispiel mit einem Ehering gependelt, um vor der Geburt zu fragen, ob das Kind ein Junge oder ein Mädchen wird. Statt dem Ehering man kann genauso mit einem Schlüssel an einem Faden pendeln.

Bedenken Sie aber folgendes dabei:

Sie sollten dem Gegenstand, mit dem Sie pendeln, vollkommen wertfrei gegenüberstehen. Ist Ihre Ehe gut und voll Freude oder eher unbefriedigend, spielen diese Energien (ob bewußt oder unbewußt) beim Pendeln mit dem Ehering mit in das Ergebnis hinein. Dasselbe gilt auch für ererbte Pendel und unser Verhältnis zum Vorbesitzer. Ein geschenktes Pendel ist wiederum weniger problematisch, da es (falls neu) meist nicht allzu lange im Besitz des Schenkenden war.

Ein typisches Anfängerpendel von mittlerem Gewicht und mit einer harmonischen Form.

Ein Diagramm-Pendel, Gewicht ca. 4 Gramm

Ein Allround-Pendel, Gewicht ca. 14 Gramm

Ein Allround-Pendel, Gewicht ca. 24 Gramm

Ein schweres Pendel, Gewicht ca. 175 Gramm

Ein Pendel ist ein Werkzeug.
Das beste Werkzeug ist für mich das, welches ich am meisten
benutze und somit auch am besten beherrsche.

Das Gewicht eines Anfängerpendels

Um es sich am Anfang nicht *schwerer* als nötig zu machen, sollten Sie ein Pendel mit einem Gewicht zwischen 12 bis 30 Gramm wählen. Natürlich funktioniert auch ein Pendel mit 4 Gramm Gewicht. Solch ein Pendel eignet sich hervorragend für Pendeldiagramme. Mit einem 4-Gramm-Pendel werden Sie sehr schnell Erfolge erzielen, da es recht früh in Schwingung gerät. Jedoch werden Sie schnell feststellen, daß der Schwung für *normales Pendeln* meist zu stark ist und damit die Ausschläge zu groß werden. Ein gutes 4-Gramm-Pendel ist ein Feinmeßgerät und für die alltägliche Pendelpraxis nicht zu empfehlen. Das andere Extrem wäre ein Pendel mit 125 Gramm Gewicht. Es ist prädestiniert für den Einsatz draußen im Freien, dort wo zum Beispiel bei einem leichteren Pendel der Wind den Schwung verfälschen könnte. Aber bedenken Sie, daß 125 Gramm erst einmal in Schwung gebracht werden müssen und es auch anstrengend wird, ein so großes Gewicht über längere Zeit zu halten.

Wichtig ist ebenfalls, daß die Kette genau in der Mitte befestigt ist, so daß der Pendelkörper exakt im Lot hängt.

FRAGE: *Ich möchte gern ein Pendel an jemanden verschenken, der von Edelsteinen, vor allem Amethyst, begeistert ist. Er hat schon einige Erfahrung mit dem Pendel und besitzt mehrere Pendel aus Metall. Kann ich bedenkenlos ein Amethyst-Pendel schenken?*

ANTWORT: Ja natürlich. Es spricht absolut nichts dagegen. Anders wäre es bei einem Anfänger. Da sollte man eher ein passendes Metall-Pendel vorziehen.

Das Material des Pendels

Egal ob Metall, Holz, Stein, Glas oder sogar Kunststoff: man kann mit allen Materialien pendeln. Nur, jedes Material hat so seine eigenen Eigenschaften und ist daher je nach Anwendungszweck mehr oder weniger geeignet. Von Kunststoff möchte ich Ihnen persönlich abraten. Es geht zwar auch, aber es fällt mir sehr schwer, damit wirklich warm zu werden. Ehrlich gesagt, ich halte nicht allzu viel von Plastik.

Wenn Sie sich auf Materialien beschränken, die hauptsächlich natürlichen Ursprungs sind, liegen Sie auf der sicheren Seite.

Für den Anfänger hat sich als optimales Material Messing bewährt, eventuell, je nach Typ oder Charakter des Menschen, mit einem Edelmetall beschichtet. Messing hat die Eigenschaft, ein guter Leiter für feinstoffliche Energien zu sein. Gleichzeitig ist es verhältnismäßig neutral und daher fast für jedermann geeignet. Natürlich gibt es für jeden ein optimales Material, nur dauert es etwas und es braucht ein wenig Erfahrung, um herauszufinden, welches Material das richtige ist. Um Ihnen die Auswahl zu erleichtern, finden Sie im nächsten Kapitel einige Anhaltspunkte.

Bitte beachten Sie aber, daß Mineralien-Pendel zu Beginn nicht geeignet sind. Mineralien haben zu starke eigene Schwingungen, die das Ergebnis bei mangelnder Erfahrung verfälschen können. Mineralien-Pendel sind hier als Werkzeuge für Fortgeschrittene einzustufen.

Die verschiedenen Materialien und ihre Entsprechungen

Metalle

Alle folgenden Angaben gelten für Pendel, die massiv aus dem entsprechenden Metall bestehen und für Pendel mit einem Messingkern, die mit dem entsprechenden Metall beschichtet wurden.

Messing-Pendel

Eigenschaften: Messing besteht aus Kupfer und Zink. Die Eigenschaften beider Metalle kommen hier gemeinsam zum Tragen. Zink schützt und schirmt ab. Dies ist wichtig, wenn man Bereiche auspendelt, die energetisch negativ geladen sind. Kupfer ist ein sehr guter Leiter und überträgt die Information mit geringem Widerstand. Kupfer und Zink harmonieren sehr gut miteinander und bieten gleichzeitig gute Informationsübertragung sowie Schutz.

Messing-Pendel

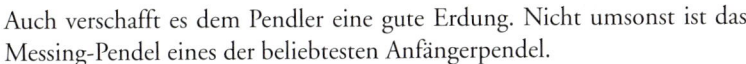

Auch verschafft es dem Pendler eine gute Erdung. Nicht umsonst ist das Messing-Pendel eines der beliebtesten Anfängerpendel.

Für wen geeignet: Es ist grundsätzlich für Jedermann geeignet.

Wofür prädestiniert: Im mittleren Gewichtsbereich ist es ein Allround-Pendel.

Kupfer-Pendel

Eigenschaften: Kupfer ist, wie schon zuvor beschrieben, ein sehr guter Leiter. Kupfer wird astrologisch wie mythologisch der Venus zugeordnet. Es ist das Metall der Liebe, der Gefühle und der Emotionen. Venus, die Göttin der Liebe, symbolisiert zugleich das Zarte, Filigrane und auch ein wenig das Edle. Besonders emotionale Menschen bevorzugen Kupfer. Dies liegt auch an der harmonisierenden und reinigenden Wirkung auf die Chakren.

Achtung: Da Kupfer ein ausgezeichneter Leiter ist, werden während des Pendelns sehr viele Informationen übertragen. Das ist eigentlich von Vorteil, doch die vielen Informationen werden durch die Transparenz der Übertragung ungefiltert, also ohne jeglichen schützenden Filter, dem Fragesteller zugeführt.

Für wen geeignet: Das Kupfer-Pendel ist ein sehr gutes Pendel für gefühlsbetonte Menschen, die jedoch über eine gute Erdung verfügen sollten. Wem der fehlende Schutz unangenehm sein sollte, für den ist Rotgold das geeignetere Material.

Wofür prädestiniert: Das Kupfer-Pendel eignet sich als Allrounder. Besonders gut sind die Ergebnisse beim Auspendeln der Chakren und von emotionalen Themen.

Silber-Pendel

Eigenschaften: Silber ist das Metall des Mondes. Der Mond wie auch das Metall Silber stehen für das Unbewußte, die Seite von uns also, zu der unser Verstand kaum Zugriff hat. Wann immer wir unsere innere Stimme hören wollen, das Silber hilft uns weiter.

Für wen geeignet: Bevorzugt wird Silber von Menschen, die sich in Phasen der Neuorientierung befinden. Dazu gehören auch Jugendliche während der Pubertät. Auch sehr spirituelle Menschen lieben Silber. Interessanterweise wählen sehr häufig Menschen im Alter von 15 bis 17 Jahren, von 30 bis 33 Jahren sowie auch von 53 bis 55 Jahren ein Silber-Pendel. Das Silber-Pendel ist auch das ideale „Zweitpendel".

Wofür prädestiniert: Das Silber-Pendel bringt sehr gute Ergebnisse bei Entscheidungsfragen, welche emotional geladen sind. Auch in Bereichen der unbewußten Blockaden ist das Silber-Pendel sehr stark.

Gold-Pendel

Eigenschaften: Gold ist eines der edelsten Metalle. Es ist das Metall der Sonne und wird durchweg positiv assoziiert, z. B. „Jemand hat ein sonniges Gemüt".

Kupfer-Pendel

Silber-Pendel

9

Gold-Pendel

Man setzt es gleich mit Stärke, Macht und Kraft. Aber auch Erfolg und Reichtum werden mit Gold assoziiert.

Gold gibt uns Kraft und Stärke. Auch unterstützt es unser Selbstwertgefühl und unser Selbstbewußtsein. Sehr hilfreich ist es auch bei mangelnder Selbstliebe. Gold ist ein sehr eigenständiges Metall. Es verbindet sich mit nichts anderem – es ist halt edel. Gleichzeitig ist es weich und formbar.

Beim Pendeln wirkt es wie ein feinstofflicher Filter und schützt den Fragenden vor negativen Einflüssen. Es neutralisiert schädliche Energien.

Bitte beachten Sie folgendes:

1. Ein massives Gold-Pendel ist kaum erschwinglich.

2. Bei einer Beschichtung sollte diese professionell vorgenommen (also z. B. keine Blattvergoldung) sein. Als optimale Methode hat sich die Galvanisierung bewährt.

Für wen geeignet: Das Gold-Pendel ist etwas für Menschen mit Herz und Verstand – mal herrscht das eine, mal das andere vor. Gerne nutzen auch Menschen, die starke Nerven brauchen, den schützenden Aspekt des Goldes.

Wofür prädestiniert: Das Gold-Pendel kann universell in allen Bereichen eingesetzt werden.

Rotgold-Pendel

Eigenschaften: Rotgold ist ebenfalls eine erstklassige Legierung für Pendel mit nahezu idealer Eignung. Rotgold entsteht durch die Mischung von Kupfer und Gold und repräsentiert somit beide Eigenschaften. Kupfer bringt die gute Leitfähigkeit für Informationen emotionaler Natur mit ein und das Gold bietet neben seiner Fähigkeit als elektrischer Leiter den nötigen Schutz, den Kupfer allein vermissen läßt. Zwei Metalle die sich hervorragend ergänzen, vereint in einem Metall – ideal!

Für wen geeignet: Das Rotgold-Pendel eignet sich besonders für sensitive Menschen mit mangelnder Erdung bzw. für Menschen, die sich nur schwerlich schützen können. Rotgold verbindet durch seine Beschaffenheit die männliche und die weibliche Energie und ergibt dadurch ein perfektes Abbild des Yin und Yang.

Wofür prädestiniert: Das Rotgold-Pendel ist ein Allroundpendel das gute Ergebnisse beim Auspendeln der Chakren und von emotionalen Themen bringt.

Rotgold-Pendel

Mattchrom-Pendel

Eigenschaften: Mattchrom ist die Vereinigung der Gegensätze. Zum einen haben wir reflektierendes, undurchlässiges Chrom. Es schützt ähnlich wie Gold, nur viel „härter". Zum anderen ist da der durchlässige Sand, mit dem das Chrom behandelt wird. Das Ergebnis vereint hart und weich und fördert durch seine silbrige Farbe unterbewußte Impulse. Man könnte es vergleichen mit gesiebtem Glanzchrom.

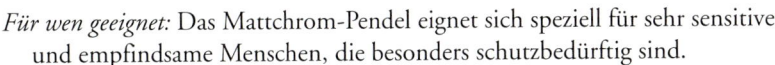

Für wen geeignet: Das Mattchrom-Pendel eignet sich speziell für sehr sensitive und empfindsame Menschen, die besonders schutzbedürftig sind.

Wofür prädestiniert: Zum Auspendeln materieller Fragen und im Gesundheitsbereich bei schweren Erkrankungen.

Glanzchrom-Pendel

Eigenschaften: Glanzchrom ist in seiner Wirkung dem Gold ähnlich. Es leuchtet und glänzt wie Gold, nur in einer anderen Farbe. Zusätzlich besitzt es extreme Widerstandskraft. Es kann wie ein Schutzpanzer fast alle negativen Energien abwehren. Der Nachteil: auch sehr feine positive Energien bleiben draußen. Dieses Material verlangt vom Fragesteller schon etwas mehr Konzentration. Wir haben es hier mit einem Filter zu tun, der nur absolut eindeutige Informationen zuläßt und weitergibt. Vage Informationen sowie negative Energien werden erbarmungslos abgewehrt.

Für wen geeignet: Das Chrom-Pendel eignet sich hervorragend für Menschen, die hauptsächlich an Fakten interessiert sind. Dies können ebenso äußerst sensitive Menschen sein, die Bedenken vor negativen Einflüssen haben, wie auch totale Kopfmenschen, die das ganze „feinstoffliche" Drumherum nicht interessiert.

Wofür prädestiniert: Zum Auspendeln von „materiellen" Fragen und auch im Gesundheitsbereich bei schweren Erkrankungen.

Optalloy-Pendel

Eigenschaften: Optalloy ist eine „moderne" Legierung und entspricht somit auch dem Menschen der heutigen Zeit. Optalloy wurde für Menschen mit Allergien (besonders gegen Metalle) entwickelt. Da wir immer mehr mit Allergien zu kämpfen haben, liegt der Wunsch nahe, ein Pendel zu entwickeln, welches auch besonders dem durch Allergien belasteten Menschen gerecht wird. Ein Pendel, das mit Optalloy beschichtet ist, hat erstklassige antiallergische Eigenschaften, Allergiker können mit ihm ausgezeichnet arbeiten.

Für wen geeignet: Besonders sensitive Menschen erzielen mit diesem Material hervorragende Ergebnisse. Auch ist es interessant für jene, bei denen ein normales Pendel nicht richtig in Schwung kommen will.

Wofür prädestiniert: Seine Stärke liegt im Bereich von seelischen und karmischen Themen. Auch alle Gebiete der Gefühle und Emotionen deckt es ab.

Rhodium-Pendel (Weißgold)

Eigenschaften: Weißgold ist eine Legierung, bestehend aus Gold mit Palladium oder Gold mit Nickel. Diese Verbindung stärkt und festigt die Kräfte unserer Mitte. Weißgold strahlt Weisheit, Abgeklärtheit und Ruhe aus und ist weniger aktiv als das leuchtende, gelbe Gold. Man kann es vergleichen mit einem alten weisen Mann, der das innere Lächeln und den inneren Frieden gefunden hat.

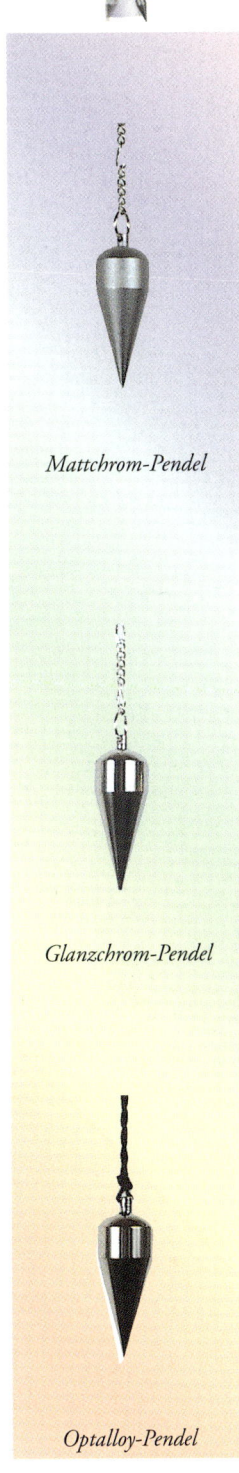

Mattchrom-Pendel

Glanzchrom-Pendel

Optalloy-Pendel

Rhodium-Pendel

Hier zwei Bergkristall-Pendel, wie sie häufig zu finden sind

Ein typisches Bernstein-Pendel

Für wen geeignet: Gerade für junge Menschen kann Rhodium eine große Unterstützung sein, besonders dann, wenn sie mit zuviel Emotionen ans Pendeln gehen. Doch uns allen, ob jung oder alt, gibt Rhodium die Weisheit und Ruhe, den Weg der inneren Mitte zu finden. Leider sind Pendel aus Weißgold recht selten zu finden.

Wofür prädestiniert: Weißgold hilft beim Pendeln, unsere Probleme bedachter, konzentrierter und ausgeglichener anzugehen und sie mit angemessener Würde und Abgeklärtheit distanzierter zu betrachten.

Pendel aus Mineralien

Bergkristall-Pendel

Eigenschaften: Der Bergkristall ist der bekannteste Heilstein und eignet sich durch seine piezoelektrische Wirkung[1] – und seiner daraus resultierenden Empfindlichkeit für Schwingungen – hervorragend zum Pendeln.

Für wen geeignet: Ein Pendel aus Bergkristall harmoniert insbesondere mit Menschen, die im Zeichen des Löwen oder der Zwillinge geboren sind.

Wofür prädestiniert: Der Bergkristall eignet sich besonders gut zum Auspendeln von Chakren und von Organen. Auch beim Auspendeln von homöopathischen Mitteln und Bachblüten entfaltet er seine Stärken.

Bernstein-Pendel

Eigenschaften: Bernstein ist kein Mineral, sondern ein fossiles, Jahrmillionen altes Harz. Obwohl der Bernstein gar nicht selten ist, wird er nicht oft zu Pendeln verarbeitet.

Achtung: Beim Erwerb eines Bernstein-Pendels sollten Sie darauf achten, daß es sich um echten Bernstein handelt und nicht um künstlich gepreßten Bernsteinstaub. Einen echten Bernstein erkennen Sie daran, daß er, wenn man ihn an Textilien reibt, elektrisch auflädt. Bei einem künstlichen bzw. gepreßten Bernstein ist dies nicht der Fall.

Da Pendel aus Bernstein sehr leicht sind, sollten sie nicht zu klein sein.

Für wen geeignet: Das Bernstein-Pendel harmoniert sehr gut mit Menschen, die unter dem Sternzeichen der Zwillinge und auch des Löwen geboren wurden.

Wofür prädestiniert: Das Pendel aus Bernstein hat sich beim Auspendeln der Ursachen von Allergien, Hautkrankheiten, Stoffwechselerkrankungen und Chakren bewährt.

---

[1] Piezoelektrischer Effekt: „Durch Druck entstandene Elektrizität an der Oberfläche." In diesem Zusammenhang: Durch Druck entstandene Eigenspannung, welche das Schwingverhalten begünstigt.

Citrin-Pendel

Eigenschaften: Seine herausragenden Pendel-Eigenschaften sind die, daß es keine hat. Citrin ist ein universell einsetzbarer Stein, der in den verschiedens-
sten Bereichen gute Ergebnisse erzielt. Leider sind Citrin-Pendel nur selten
erhältlich.

Für wen geeignet: Menschen des Sternzeichens Zwillinge und Löwe benutzen
gerne ein Pendel aus Citrin.

Herkimer-Diamant-Pendel

Eigenschaften: Ein Pendel aus dem Herkimer-Diamant ist eine absolute Rari-
tät. Es handelt sich beim Herkimer-Diamanten um Quarzkristalle, die eine
diamanten-ähnliche Kristallstruktur aufweisen. Ein Herkimer-Diamant ist
ein sehr starker Heilstein, der, wenn er als Pendel richtig eingesetzt wird,
schon beim Auspendeln von Krankheiten seine Heilwirkung ausspielen wird.

Für wen geeignet: Menschen die im Sternzeichen Löwe geboren sind, arbeiten
gerne mit diesem Pendel.

Wofür prädestiniert: Das richtige Pendel, wenn Krankheiten wie Parkinson und
Alzheimer ausgependelt werden sollen. Sehr gute Ergebnisse erzielt man
auch bei allen anderen Erkrankungen des Gehirns bzw. des Nervensystems.
Auch im Bereich von psychosomatischen Störungen ist es gut geeignet.

Eines der seltenen Citrin-Pendel

Rosenquarz-Pendel

Eigenschaften: Der Rosenquarz gilt schon seit jeher als Stein der Liebe und der
Freundschaft. Als Pendel ist dieser Stein eher neutral und wirkt bei der Arbeit mit ihm sehr harmonisierend und beruhigend auf den Pendler.

Für wen geeignet: Wer im Zeichen des Stiers oder der Waage geboren ist, dem
kann empfohlen werden, mit einem Pendel aus Rosenquarz zu arbeiten.

Wofür prädestiniert: Der Rosenquarz eignet sich besonders zum Auspendeln
von Krankheiten und Störfeldern. Auch Antworten auf Fragen zu zwischenmenschlichen Beziehungen sind sein Thema.

Pendel aus einem gefaßten Herkimer-Diamant

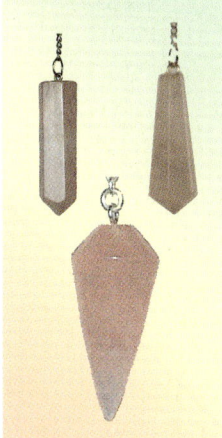

Sugilith-Pendel

Eigenschaften: Der Sugilith gilt als „New Age Stein". Er ist sehr selten und auch
verhältnismäßig wertvoll. Seine einzige Fundstelle in Südafrika ist bereits
ausgeschöpft, so daß man davon ausgehen kann, daß sich der Preis dieses
Steines mit der Zeit noch erheblich erhöhen wird. Als Pendel ist er selten zu
finden.

Für wen geeignet: Ein Sugilith-Pendel wird dem Sternzeichen Fische zugeordnet.

Wofür prädestiniert: Wenn wir mit dem Sugilith pendeln, erhalten wir erstklassige Ergebnisse zu Fragen aus dem Bereich organischer Erkrankungen bei
Mensch und Tier. Hier liegt seine Domäne. In den meisten anderen An-
wendungsbereichen ist er eher als zweitklassig anzusehen.

Ein Rosenquarz-Pendel, so wie es sich nicht zum Pendeln eignet: die Spitze fehlt und die Aufhängung ist nicht in der Mitte angebracht.

Sugilith-Pendel

Amethyst-Pendel

Lapis-Lazuli-Pendel

Hämatit-Pendel

Achtung: Ein Sugilith-Pendel ist eine Art „Spezialwerkzeug" im medizinisch-diagnostischen Bereich.

Amethyst-Pendel

Eigenschaften: Das Amethyst-Pendel hat universelle Eigenschaften und kann überall gleichermaßen gut eingesetzt werden.

Für wen geeignet: Menschen mit dem Sternzeichen Fische, Widder oder Schütze finden hier das für sie passende Pendel.

Wofür prädestiniert: Mit dem Amethyst kann man besonders gut Fragestellungen zu den Themen Recht, Gesetz und Moral auspendeln.

Lapis-Lazuli-Pendel

Eigenschaften: Dieses Pendel birgt in sich das weibliche Prinzip. Der Lapis als solches ist bekannt als der typische Stein der Frauen und der Freundschaft.

Für wen geeignet: Ein Pendel aus Lapis-Lazuli sollten sich Menschen, die im Zeichen des Schützen oder der Fische geboren sind, zulegen.

Wofür prädestiniert: Mit dem Lapis-Lazuli pendeln Sie hervorragend im Bereich der Gefühle und Emotionen.

Hämatit-Pendel

Eigenschaften: Der Hämatit ist auch als der Blutstein bekannt (dies aber nur wegen der Rotfärbung des Schleifwassers bei seiner Bearbeitung). Wegen seines hohen Eisengehalts taugt er nur bedingt zum Pendeln.

Für wen geeignet: Widder- oder Skorpiongeborene nehmen einen Hämatit zum Pendeln.

Wofür prädestiniert: Der Hämatit sollte in der Hauptsache bei materiellen Themen eingesetzt werden. Bei emotionalen und gesundheitlichen Fragen bringt er zwar auch befriedigende Ergebnisse, jedoch besteht bei diesem Stein die Tendenz, sich selbst zu stark einzubringen und damit die Ergebnisse eventuell zu verfälschen.

Jade-Pendel

Eigenschaften: Jade ist per Grundsatz ein sehr guter Stein, aus dem sich Pendel mit guten Schwingeigenschaften herstellen lassen.
Jade-Pendel gibt es in den verschiedensten Farbvarietäten. Am häufigsten finden Sie grüne Jade-Pendel.

Für wen geeignet: Ein Pendel aus Jade harmoniert mit den Sternzeichen Krebs oder Waage.

Wofür prädestiniert: Die Jade ist ein recht universeller Stein, der in fast allen Pendel-Bereichen gute Ergebnisse bringt. Weniger geeignet ist dieser Stein bei Fragestellungen zu materiellen Angelegenheiten.

Tigerauge-Pendel

Eigenschaften: Das Tigerauge ist ein hervorragender Heil- und auch Schutz-stein. Dies spiegelt auch das Pendel aus Tigerauge wider.

Für wen geeignet: Zwillinge, Jungfrauen oder Löwen kommen mit einem Tigerauge-Pendel bestens klar.

Wofür prädestiniert: Mit dem Tigerauge pendeln Sie Krebserkrankungen aus und Themen, die mit Beruf, Erfolg und Karriere in Verbindung stehen.

Aventurin-Pendel

Eigenschaften: Der Aventurin als Stein bringt Wandlung und Entwicklung. Er ist der Stein der Transformation und dies zeigt sich auch beim Pendeln.

Für wen geeignet: Ein Pendel aus grünem Aventurin harmoniert mit Menschen, die im Zeichen Krebs oder Schütze geboren sind.

Wofür prädestiniert: Der Aventurin eignet sich zum Auspendeln von allen An-gelegenheiten, die mit Harmonie und Herzlichkeit zu tun haben, außer-dem zum Auspendeln von Allergie-Ursachen.

Azurit-Malachit-Pendel

Eigenschaften: Es handelt sich hierbei um eine ganz spezielle Vereinigung zweier Steinarten, dem Azurit und dem Malachit. Schon seit jeher ist diese Verei-nigung von zwei edlen Steinsorten als Glücksstein bekannt.

Für wen geeignet: Ein Pendel aus Azurit-Malachit paßt für alle Sternzeichen.

Wofür prädestiniert: Seine Einsatzmöglichkeiten sind als universell zu bezeich-nen. Besonders gute Erfolge erzielt man in den Fragebereichen Charakter und Psyche.

Quecksilber-Pendel (ein Exot)

Eigenschaften: Quecksilber ist ein hervorragendes Material zum Pendeln, nahe-zu genial, und bringt durchweg ausgezeichnete Ergebnisse. Durch seinen niedrigen Schmelzpunkt von minus (!) 38,84 Grad Celsius kennen wir die-ses Metall nur in flüssigem Zustand. Bereits bei 356,58 Grad Celsius be-ginnt dieses Metall zu sieden und zu verdampfen. Durch seinen hohen Dampfdruck verdampft es bereits bei Temperaturen über dem Gefrierpunkt. Die dabei entstehenden Gase sind, wenn sie eingeatmet werden, giftig. Es handelt sich um ein Zell- oder Protoplasmagift. Die Aufnahme durch Be-rühren oder Verschlucken ist „relativ" ungefährlich.

Quecksilber muß also von einem dichten Behälter, meist Glas, umschlossen werden.

Achtung: Nachdem ich Ihnen nun den Mund ein wenig wässerig gemacht habe, muß ich Ihnen aber auch sagen, daß Sie dieses Pendel wohl kaum kaufen können. Mir selber ist weltweit kein seriöser Lieferant bekannt, der Queck-silber-Pendel versendet: Auch von Glas umhüllt handelt es sich schließlich

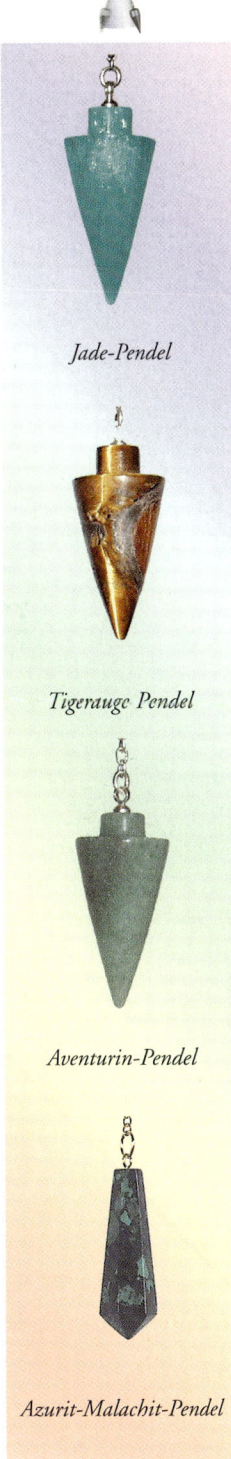

Jade-Pendel

Tigerauge Pendel

Aventurin-Pendel

Azurit-Malachit-Pendel

Quecksilber-Pendel

Pyrit-Pendel

Holz-Pendel

*Holz/Kupfer
(Kupferspirale)*

um einen giftigen Stoff, der, einmal freigesetzt, ein permanentes Gesundheits-
risiko in sich birgt (selbiges gilt auch für z.B. Fieberthermometer, wenn sie
zerbrechen).

Die einzige Möglichkeit, ein solches Pendel zu erwerben, wäre durch Zufall
(es fällt einem zu), auf Flohmärkten oder beim Trödelhändler.

Für wen geeignet: Ausschließlich für professionelle Pendler!

Wofür prädestiniert: In allen Gebieten erzielt man sehr gute Ergebnisse. Ich
selbst nutze es auf dem Gebiet der Reinkarnation, zum Testen von Elektrosmog und Erdstrahlen.

Pyrit-Pendel

Eigenschaften: Das Pyrit-Pendel besteht zum Großteil aus Schwefel und Eisen.

Für wen geeignet: Jeder, ohne Einschränkung, kann damit pendeln.

Wofür prädestiniert: Ein Pendel aus Pyrit ist ein Spezialpendel. Wegen seines
hohen Eisengehaltes eignet es sich kaum für die üblichen Anwendungen.
Seine Domäne liegt in Magie und Beschwörung. Anwendungen, die zu Recht
nicht jedermanns Sache sind.

Holz-Pendel

Eigenschaften: Das Holz-Pendel gibt es in allen nur denkbaren Formen und
Eigenschaften.

Für wen geeignet: Jeder, ohne Einschränkung, kann damit pendeln.

Wofür prädestiniert: Mit einem Holz-Pendel kann man vieles über Chakren
und Störfelder erfahren. Besonders gut ist es auch bei Begehungen von Wohn-
räumen auf der Suche nach Störzonen geologischer oder elektronischer Natur.
Auch das Auffinden von Wasseradern ist sein Thema.

Holz/Kupfer (Kupferspirale)

Eigenschaften: Bei Holz und Kupfer in Form einer Kupferspirale verbinden
sich ausgezeichnete Leitfähigkeit und Erdung.

Für wen geeignet: Besonders das weibliche Geschlecht erzielt mit diesem Pendel
gute Resultate.

Wofür prädestiniert: Eine Kupferspirale umschließt einen leeren Raum, der hier
als Medium wirkt. Deshalb kann man mit einer Kupferspirale hervorragend
emotionale Werte und Charaktereigenschaften auspendeln.

Kristallglas-Pendel

Eigenschaften: Kristallglas ist ein neutrales Material und daher universell zum
Pendeln einsetzbar.

Achtung: Vergewissern Sie sich, daß Sie ein Pendel aus reinem Kristallglas bekommen. Sie erkennen es jedoch lediglich an der Angabe des Herstellers.

Bei einem Pendel aus Bleikristall laufen Sie Gefahr, die negative und schwere Schwingung von Blei aufzunehmen.

Für wen geeignet: Es ist gleichermaßen für erfahrene Profis wie auch für Anfänger geeignet. Obendrein ist es noch hübsch anzusehen. Einzig zu beachten ist, daß es ein relativ leichtes Pendel ist.

Wofür prädestiniert: Ein Kristallglas-Pendel kann man ohne weiteres als Allroundpendel bezeichnen.

Plastik/Kunststoff

Eigenschaften: Da Plastik ein künstliches Material ist und in unzähligen Kombinationen von Stoffen hergestellt werden kann, hat es je nach Zusammensetzung die verschiedensten Eigenschaften.

Achtung: Pendel aus Plastik oder Kunststoff findet man in den verschiedensten Variationen. Aber nur wenige davon sind brauchbar. Die meisten Kunststoffpendel sind bestenfalls als Spielerei zu betrachten. Am besten ist es, Sie „basteln" sich Ihr Kunststoffpendel selbst. Die Materialien erhalten Sie im Heimwerkermarkt. Welche Sie am besten verwenden, müssen Sie selbst durch Experimentieren herausfinden. Mögliche Materialien wären Modelliermasse, Fimo, Styropor, Styrodur, Glasfaserkunststoff (GFK), Kohlefaser (CFK) oder Gießharz.

Für wen geeignet: Für jeden, der Spaß daran hat.

Wofür prädestiniert: Je nach Material und Zusammensetzung unterschiedlich.

Füll-Pendel

Ein Füll-Pendel ist innen hohl, man kann es öffnen, um etwas einzufüllen. Füll-Pendel gibt es in den verschiedensten Materialien, Größen und auch Formen. Der Vorteil liegt darin, daß man das Pendel für den jeweiligen Anwendungszweck sensibilisieren kann. So können Sie zum Beispiel ein Füll-Pendel mit Bernstein füllen und somit ein Bernstein-Pendel simulieren.

Eigenschaften: je nach Befüllung.

Für wen geeignet: je nach Befüllung.

Wofür prädestiniert: je nach Befüllung.

Isis-Pendel

Eigenschaften: Hier haben wir in Bezug auf Material und Form etwas ganz Besonderes. Das Isis-Pendel wird aus zwei vollen Messingstücken gedreht und besteht aus dem Körper und dem oberen Kopf, wobei der obere und untere Teil des Pendels entgegengesetzt gedreht wurden. Dadurch hat das Pendel einen selbstreinigenden Effekt, durch den keinerlei negative Energieübertragung zum Pendler stattfinden kann. Ein Isis-Pendel ist normalerweise massiv aus Messing. Mittlerweile gibt es auch Veredelungen in Silber

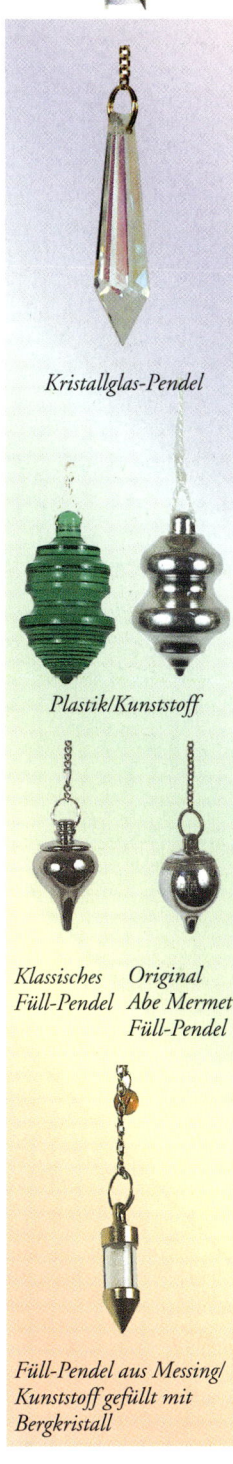

Kristallglas-Pendel

Plastik/Kunststoff

Klassisches Original
Füll-Pendel Abe Mermet
Füll-Pendel

Füll-Pendel aus Messing/
Kunststoff gefüllt mit
Bergkristall

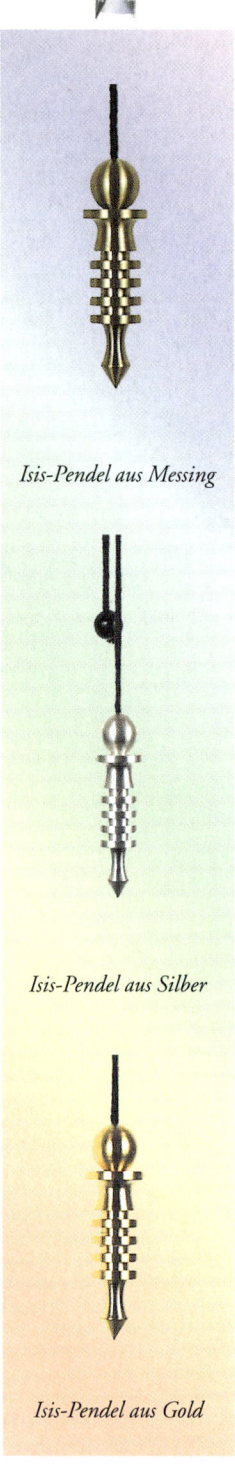

Isis-Pendel aus Messing

Isis-Pendel aus Silber

Isis-Pendel aus Gold

und Gold wodurch die positiven Eigenschaften des Isis-Pendels nochmals verstärkt werden.

Achtung: Isis ist die ägyptische Göttin der Reinheit, Heilung und der Frauen. Wie das Isis-Pendel wirklich entstanden ist, ist mir bisher noch nicht bekannt. Ich freue mich über jede fundierte und

nachweisbare

Information zu dieser Pendelform. Meine Adresse finden Sie unter www.windpferd.com (siehe dazu auch den Hinweis auf Seite 77).

Für wen geeignet: Dieses Pendel eignet sich hervorragend für Ärzte, Heilpraktiker und Therapeuten. Aufgrund meiner eigenen Erfahrung kann ich sagen, daß dieses Pendel neben dem Windpferd-Pendel zur Gruppe der genialsten Pendel gehört.

Wofür prädestiniert: Sehr gut zum Auspendeln von Chakren und von Erkrankungen organischer und psychologischer Art.

Form und Beschaffenheit des Pendels

Ein Pendel sollte möglichst wenige Ecken und Kanten aufweisen, obwohl ein richtig gut gemachtes eckiges Pendel schon seinen Reiz haben kann. Beachten Sie dann, daß es sich bei den Ecken und Kanten um möglichst flache Winkel (in jedem Fall kleiner als 90 Grad) handelt. Wichtig ist immer, daß ein Pendel eine Symmetrie aufweist. Optimal sind runde Pendel mit einer sauber zulaufenden Spitze am unteren Ende, die auch gerne spitzer als 90 Grad sein darf.

Der Schwerpunkt sollte so weit wie möglich am unteren Ende liegen. Es wäre absolut unsinnig, mit einem Pendel zu arbeiten, bei dem die Kette 150 Gramm wiegt und der Pendelkörper vier Gramm. Je weiter unten sich der Schwerpunkt befindet, desto besser der Pendelschwung.

Wo bekomme ich ein Pendel?

Erhältlich sind Pendel zum Beispiel in Esoterik-Fachgeschäften und im gut sortierten Buchhandel. Falls Sie kein Geschäft in Ihrer Nähe haben, können Sie Pendel auch im Versandhandel bekommen. Für Adresshinweise siehe auch Seite 77.

Ein qualitativ hochwertiges Anfängerpendel kostet ab 20 Mark ohne Grenze nach oben. Ein Pendel für maximal 40 Mark tut es für den Anfang auf jeden Fall. Es muß schließlich nicht gleich Platin sein.

Ein Pendel verschenken

Wenn Sie ein Pendel an einen „Anfänger" verschenken möchten, sollten Sie sich zuerst im Kapitel „Das Material des Pendels" schlau machen und etwas Passendes mit mittlerem Gewicht auswählen. Ein gut sortiertes Esoterik-Fachgeschaft und eine entsprechend orientierte Buchhandlung haben meist eine reiche Auswahl an Pendeln vorrätig. Auch werden Sie dort fundiert beraten.

FRAGE: *Ich möchte mir schon lange ein schönes Pendel kaufen. Ich habe aber gehört, daß man sich ein Pendel nur schenken lassen dürfe. Stimmt das oder ist das nur Aberglaube?*
ANTWORT: Es ist auf jeden Fall „Blödsinn". Selbstverständlich können Sie sich selber ein Pendel kaufen. Es spricht nichts dagegen. Außer, daß Sie ein geschenktes Pendel erheblich billiger käme. Dasselbe gilt übrigens auch für Tarotkarten, Wahrsagekarten und auch Runen.

Aufbewahrung und Pflege

Behandeln Sie Ihr Pendel sorgsam. Nicht wie einen Kultgegenstand, sondern wie einen guten Freund. Und gute Freundschaft will gepflegt sein!

Geben Sie Ihrem Pendel einen eigenen Platz, sozusagen ein eigenes Zuhause. Dies kann eine Schachtel sein oder auch ein kleiner Beutel aus Stoff (Baumwolle, Leinen) oder Leder. Wenn Sie Ihr Pendel stets hier aufbewahren, werden die beim Gebrauch angenommenen Energien von Ihrer Person ferngehalten und Ihr Pendel nimmt während der Aufbewahrung keine fremden Energien an.

Dies tut es jedoch während einer Pendelbefragung. Diese Energien können die folgenden Befragungen verfälschen. Es ist auch möglich, daß diese Energien auf den Pendler oder den Klienten/Patienten übergehen, was sich negativ auswirken kann. Um dies zu verhindern, ist es sinnvoll, das Pendel in regelmäßigen Abständen mental zu reinigen:

Mentalreinigung:
Halten Sie das Pendel einfach unter fließendes Wasser und stellen Sie sich dabei vor, wie mit dem Wasser alle negativen Energien von dem Pendel abfließen und wie es in neuem Glanz erstrahlt. (Achtung: Metall-Pendel gleich nach der Reinigung mit einem weichen Tuch ordentlich trocknen damit sie nicht oxidieren!)

Zur äußerlichen Pflege reicht es, wenn wir unser Pendel gelegentlich mit einem leicht feuchten, weichen Tuch abreiben, so daß Verschmutzungen entfernt werden.

Wieso funktioniert das Pendeln?

Es funktioniert! Und wer heilt hat recht! Da bedarf es keiner weiteren Beweise. Diese Argumentation ist recht beliebt und ist auch in diesem Fall anwendbar. Ich selber nutze diese Rechtfertigung in Bereichen, wo der Verstand und die Wissenschaft definitiv passen müssen soweit es um eine logische Erklärung geht. Zugegebenermaßen wende ich diese Argumentation auch liebend gerne an, wenn ich keine Lust auf tiefgreifende Diskussionen habe.

Bei dieser Gelegenheit: Sie alle haben diese Aussage schon gehört: „Wer heilt hat recht." Aber viel zu oft wird dabei vergessen, daß diese Aussage für alle Menschen und Bereiche gilt! Aus diesem Grunde:

Wer heilt hat recht.
Dies muß dann aber auch für die Schulwissenschaft und
Medizin gelten!

Wobei wir aber nicht vergessen dürfen, daß zwischen erfolgreicher Symptom-Bekämpfung und Heilung eines Menschen Welten liegen.

Ich vertrete die Auffassung, daß sich Verstand, Schulwissenschaft, Esoterik und alternative Denkweisen nicht zwingend widersprechen müssen.

Ob Esoteriker, Freidenker oder Wissenschaftler. Wir alle Leben in der selben Welt. Für uns alle gelten die selben Gesetze und auch die selbe Wahrheit.

Die Unterschiede liegen lediglich in der Betrachtungsweise. Und die Dummheit liegt einfach in dem Irrglauben und der unglaublichen Arroganz vieler Menschen, daß nur die eine einzige Sichtweise die richtige sei. Dies gilt übrigens für alle Bereiche des Lebens.

Bevor wir zur Beantwortung der Funktion des Pendels kommen, möchte ich noch folgendes vorweg schicken:

Wir brauchen gar nicht zu wissen warum ein Pendel funktioniert. Es besteht keine Notwendigkeit. Wenn wir ein Voltmeter benutzen und die Spannung in der Steckdose prüfen, bekommen wir als Antwort ca. 230 Volt. Wenn wir 1 Pfund Mehl abwiegen, sehen wir auf die Waage und lesen ein Ergebnis von 500 Gramm ab. Das Ergebnis interessiert uns und nicht die Funktion. Daraus ergibt sich, daß das folgende Kapitel nicht zwingend notwendig ist, um das Pendeln zu erlernen.

Eigentlich hätte ich es mir und Ihnen ersparen können, die ursächliche Funktion des Pendelns zu erklären. Sie sollten es trotzdem aufmerksam lesen, denn Sie werden in diesem Kapitel Dinge finden, die Sie im täglichen Leben nutzen können und die Ihnen unabhängig vom Pendeln so manche Tür zu einem erfüllten Leben öffnen können.

Alles was wir empfinden, glauben, fühlen oder auf irgendeine Art wahrnehmen, hat seine Daseinsberechtigung und gehört zu unserem Leben. Dabei ist

FRAGE: *Ich habe noch nie gependelt und möchte es gerne lernen. Da ich persönlich eher zu großen massiven Dingen neige, würde ich mir lieber ein schönes großes, schweres Pendel kaufen. Kann ich mit diesem Pendel denn auch das Pendeln erlernen?*

ANTWORT: Wenn es Ihr Herzenswunsch ist, dann können Sie ruhig mit einem schweren Pendel beginnen. Sie sollten jedoch bedenken, daß Sie für ein schweres Pendel erheblich mehr Anstrengung und Energie aufwenden müssen, als für ein kleines, leichteres.

es zunächst erst einmal zweitrangig, ob es sich hierbei um Wünsche, Glück, Trauer, Freude, Aggression, Angst, Liebe oder was auch immer handelt.

Diese Empfindungen gehören zu uns, zu unserem Leben. Diese Empfindungen machen uns als Menschen aus. Ohne diese Empfindungen wären wir lediglich ein sehr komplex funktionierendes biologisches System.

Dennoch zielt zur Zeit unser ganzer gesellschaftlicher Fortschritt lediglich auf die Wissenschaft, auf den Verstand und natürlich auf den Wohlstand. Gegen wissenschaftliches Denken und Handeln, gegen gesunden Verstand und auch gegen Wohlstand ist nichts einzuwenden. Ich mag diese Dinge sehr und ich lebe Sie. Jedoch werden die wirklichen Werte, die uns Menschen ausmachen, in unserer heutigen Zeit viel zu wenig berücksichtigt, wenn nicht gar ignoriert.

Eine offene Denkweise, die alle Bereiche des menschlichen Seins berücksichtigt, ist mehr als zwingend notwendig.

Natürlich kann man alles übertreiben.

FRAGE: *Ein Pendel schwingt von alleine, stimmt das eigentlich?* ANTWORT: Nein, das stimmt keinesfalls. Egal wie Sie es drehen und wenden, ein Pendel braucht immer eine Zuführung von mechanischer, elektrischer oder magnetischer Energie.

Dazu gehören der Analytiker, der bei all seinem Verstand und Realismus vergißt, daß das Herz welches in seiner Brust schlägt, noch andere Bedeutung hat, als nur ein phantastischer Muskel zu sein, der den Blutkreislauf in unserem Körper zirkulieren läßt.

Aber auch die „totalen" Esoteriker, die bei all ihrer Esoterik vergessen haben, daß sie auch noch in der realen Welt leben und vom Schöndenken alleine kein wirklicher Fortschritt und auch keine Entwicklung stattfinden kann.

Merke:

Unser aller Gott hat uns zwei Füße mitgegeben, um auf diesem Planeten zu gehen, nicht um als Engel die Sphären zu besuchen. Pendeln läßt sich erklären, einleuchtend und logisch.

Ein klein wenig muß ich jedoch ausholen und theoretisch wird's obendrein auch noch, sorry.

Wenn wir auf die Ursachen der Pendelbewegung schauen wollen, müssen wir uns im klaren sein, daß das Pendel von sich alleine aus nicht schwingen kann. Auch wenn so manches Gerücht und auch mancher Mensch behauptet, daß ein Pendel von sich alleine aus schwingt, so muß ich leider erwidern, daß dies nicht stimmt. Versuchen Sie es ruhig. Nehmen Sie ein Pendel, hängen Sie es an einen stabilen Ständer und warten Sie ab. Es wird nichts passieren. Weder die Eigenenergie des Materials des Pendels noch die Energie eines Gegenstandes, der in die Nähe gebracht wird, lösen irgend eine Bewegung aus. Ausgenommen sind hier natürlich starke Magnete oder künstlich erzeugte elektrische oder elektromagnetische Felder. Dasselbe gilt auch für Telekinese (Bewegung von Gegenständen durch Gedankenkraft).

Es gibt verschiedene Versuche, auf naturwissenschaftlicher Basis zu erklären, warum ein Pendel schwingt. Diese Erklärungen sind sehr interessant und bestimmt tragen sie auch einen Teil zur Bewegung des Pendels bei. Folgend sind einige Theorien aufgeführt:

Kapillarpulswellen

Unser Herz pumpt das Blut mit einer Pulsfrequenz von 70 Schlägen pro Minute durch unseren Körper. Das heißt, das Blut wird 70mal pro Minute durch die Adern gepreßt. Dieser Druck/Puls setzt sich fort bis in die Fingerspitzen und führt dort zu einer minimalen rhythmischen Umfangsvergrößerung der Fingerspitzen. Dieser Vorgang soll das Pendel in Schwung versetzen.

Atembewegung

Jeder Mensch atmet ca. 16- bis 20mal pro Minute. Dabei ist der Brustkorb immer in einer rhythmischen Bewegung. Diese soll sich über den Arm und die Pendelkette auf den Pendelkörper übertragen und diesen in Bewegung bringen.

Emotionale Erregung

Wenn wir Freude, Angst, Trauer, Euphorie empfinden, überträgt sich dieses auf unsere Atmung, auf unseren Puls und auf unseren Blutdruck. Dadurch sollen sich die verschiedenen Pendelschwünge erklären.

Unbewußte Muskelbewegung

Selbst bei einer totalen Entspannung der Muskeln sind diese immer noch in kaum merklichen Maße aktiv. Wenn wir meinen, daß wir unsere Hand vollkommen still halten, so führt diese minimale Bewegungen aus, die sich auf das Pendel übertragen und es in Schwung bringen sollen.

Angenommen, die oben genannten Beispiele der naturwissenschaftlichen Erklärungen sind alle richtig (müssen sie ja sein, ist ja schließlich Wissenschaft!), dann bedeutet das, wir haben vier verschiedene Antriebsquellen, die gleichzeitig auf unser Pendel einwirken. Folglich müßte ein Pendel, sowie es in die Hand genommen wird, wie „wild" durch die Gegend schwingen. Zum anderen erklärt das immer noch nicht, warum wir Antworten erhalten, die einen sehr hohen Wahrheitsgehalt oder analytischen Wert haben.

Die folgende Erklärung ist meines Erachtens nach die sinnvollste und auch schlüssigste Erklärung für die Funktion des Pendels:

Jeder Mensch besitzt in den Fingerspitzen kleine Muskelgruppen, die nicht bewußt, also nicht willentlich bewegt werden können. Diese kleinen Muskeln sind die Antriebsfeder des Pendels. Da wir sie nicht willentlich beeinflussen können, entsteht die Bewegung unbewußt.

FRAGE: *Stimmt es, daß ein Pendel nicht mehr funktioniert, wenn man es nicht regelmäßig reinigt?*
ANTWORT: Nein das stimmt so nicht. Ein Pendel wird normalerweise immer seine Funktion erfüllen. Man sollte es aber deshalb reinigen, damit man nicht selber irgendwelche negativen Energien von Gegenständen oder Personen, die ausgependelt wurden, annimmt. Aus diesem Grunde ist eine regelmäßige Reinigung sinnvoll.

Um es zu verdeutlichen, nehmen wir unseren Herzmuskel als Beispiel.

Dieser Muskel wird ohne unseren Willen gesteuert. Wir alle kennen Situationen, in denen auch ohne größeren Anlaß unser Herz wie wild zu klopfen beginnt. Ursache ist hier unser Unterbewußtsein. Wir können uns noch so sehr vornehmen, ruhig zu bleiben, wenn wir dann in der entsprechenden Situation sind, schlägt uns das Herz bis zum Hals.

Auch unser Pendel wird von Muskelgruppen in Schwung gebracht, die unbewußt gesteuert werden. Logische Konsequenz: Unser Unterbewußtsein bringt das Pendel in die entsprechende Bewegung.

Wenn wir mit einem Pendel arbeiten, macht es durch die Art und Weise, wie es schwingt oder auch nicht schwingt, Eigenschaften oder Sachverhalte sicht- und erkennbar, die mit herkömmlichen (verstandesmäßigen) Methoden nicht sicht- oder erkennbar wären. Das heißt nichts anderes, als daß wir uns beim Pendeln Methoden bedienen, die nicht wirklich greifbar sind. Diese Bereiche möchte ich im Folgenden erläutern.

In der Psychologie ist das Unterbewußtsein ein Begriff, welcher vereinfacht ausgedrückt, einen Bereich der menschlichen Psyche beschreibt, in dem Verhaltensmuster, Erinnerungen, unterdrückte Erlebnisse und noch einiges mehr abgespeichert werden. Dieses Unterbewußtsein wird teilweise wie eine eigenständige Persönlichkeit behandelt.

Wenn wir uns nun das menschliche Gehirn anschauen, stellen wir fest, daß nach dem heutigen Stand der Wissenschaft niemand sagen kann, wo sich nun das Unterbewußtsein oder das Bewußtsein befinden. Es ist noch nicht einmal genau bekannt, wo sich das Gedächtnis des Menschen befindet. Das einzige was man weiß ist, daß, wenn bestimmte Regionen im menschlichen Gehirn gestört oder stimuliert werden, sich das auf das Gedächtnis oder auch auf das Verhalten des Menschen auswirken kann. Aber niemand kann sagen, ob dies auch zwingend bedeutet, daß diese Regionen auch die Orte sind, wo sich Gedächtnis und Verhaltensmuster befinden. Das menschliche Gehirn ist in seiner Funktion dermaßen komplex, daß es kaum absehbar ist, es jemals vollständig zu ergründen.

Bewußtsein, Unterbewußtsein, Seele, all diese Dinge werden wir im Gehirn vergeblich suchen. Sie sind vom rein naturwissenschaftlich biologischen Standpunkt aus nicht existent, oder besser nicht nachweisbar. Aber dennoch sind sie die Bedingung für bewußtes Leben.

Die drei Ebenen des Selbst

Der Mensch teilt sich in drei Ebenen auf: Das niedere Selbst, das bewußte Selbst und das höhere Selbst. Diese drei Ebenen machen einen Menschen aus. Jede dieser drei Ebenen ist notwendig. Ist eine dieser Ebenen geschädigt, so ist der Mensch in seiner Existenz gefährdet. Diese drei Ebenen in ihrer Vollkommenheit exakt zu beschreiben, würde den Rahmen dieses Buches sprengen. Im

Folgenden beschränke ich mich nur auf die für das Pendeln spezifisch notwendigen Erklärungen. Daraus resultiert auch, daß das für uns interessante Unterbewußtsein/niederes Selbst entsprechend ausführlicher behandelt wird, während die anderen beiden Ebenen nur angerissen werden.

Das höhere Selbst

Das höhere Selbst ist eine dem Bewußtsein und dem niederen Selbst übergeordnete Instanz unseres Daseins. Man kann es sich so vorstellen, daß das niedere Selbst und das bewußte Selbst ausreichend sind, um im täglichen Leben zu bestehen. Wenn wir jedoch in Situationen kommen, wo wir Gefahr laufen, unseren Lebensweg zu verlassen oder unsere Lebensaufgaben massiv zu gefährden, dann greift das höhere Selbst ein. Die Bezeichnungen Schutzengel oder auch geistiger Führer sind da gar nicht so weit hergeholt.

Das bewußte Selbst

Das bewußte Selbst können wir gleichsetzen mit unserem Bewußtsein und auch mit unserem bewußten Handeln und Denken. Seine hauptsächliche Aufgabe ist, unser alltägliches Entscheiden und Handeln zu unterstützen. Es arbeitet direkt mit unserer Nervenschaltzentrale, unserem Gehirn zusammen. Es gehört zum aktiven Denken, zur Logik. Es ist für alle bewußten Vorgänge zuständig. Ich denke, also bin ich.

Weiterhin gehört zu seinen Aufgaben die Kommunikation mit dem niederen Selbst. Es sollte dem niederen Selbst mitteilen, was es zu tun hat bzw. es mit steuern.

Das Unterbewußtsein oder das niedere Selbst

Das niedere Selbst ist in etwa das Unterbewußtsein, wie wir es aus der Psychologie kennen. Es stimmt zwar nicht hundertprozentig überein, jedoch kommt es ihm verhältnismäßig nahe. Die Bezeichnung niederes Selbst ist keine Wertung in Form von schlecht. Es sagt lediglich aus, in welcher spirituellen Ebene diese Form unseres Selbst anzutreffen ist. Die Bezeichnung niederes Selbst wurde erstmalig erwähnt von Max Freedom Long, der einer der ersten war, der uns die Hunalehre[2] durch seine Forschungen zugänglich machte.

Im niederen Selbst finden wir einen immensen Erinnerungsspeicher, der alles enthält, was wir jemals in unseren Daseinsformen (auch in früheren Leben) erlebt haben.

Hier werden unter anderem automatische Abläufe und Verhaltensmuster gesteuert. Das niedere Selbst ist ein sehr mächtiger Teil des Menschen, der zu meinem Bedauern viel zu oft unterschätzt wird. Es ist mindestens dem Be-

[2] „Max Freedom Long, amerikanischer Sprachforscher, ging 1917 nach Hawaii und entschlüsselte die Geheimlehre der dort lebenden Kahunas." Bauer Verlag, Kahuna Magie und Geheimes Wissen hinter Wundern, Max Freedom Long.

wußtsein des Menschen ebenbürtig und in unserer heutigen Zeit leider auch oft überlegen. Bitte mißverstehen Sie mich nicht, das niedere Selbst ist eine ganz phantastische Angelegenheit, mit Sinn und Ziel für uns da zu sein und uns all unsere Wünsche zu erfüllen. Wenn ich Ihnen hier sagen würde, welche Möglichkeiten sich hier bieten, würde ich bei 99 Prozent meiner Leser meine Glaubwürdigkeit verlieren. Nur soviel sei gesagt: Die bekannte Aussage der Bibel lautet „Der Glaube kann Berge versetzen" ist kein Gleichnis.

Wir müssen wieder lernen, mit ihm zu kommunizieren. Wir müssen lernen, unser niederes Selbst wieder in unser Leben zu integrieren. In unserer heutigen Gesellschaft gibt es immer mehr Menschen, die Probleme mit ihrer Psyche haben. Psychologische und therapeutische Praxen nehmen immer mehr zu. Psychosomatische Kliniken gibt es wie Sand am Meer und es werden immer mehr. Glauben Sie denn allen Ernstes, daß es sich bei all diesen Patienten um Menschen handelt, die im Gehirn krank geworden sind? So ist es bestimmt nicht. Vielmehr ist es so, daß wir in unserem Gesellschaftssystem in eine Richtung gehen, die sich äußerst ungesund auf den einzelnen auswirkt. Einfach ausgedrückt ist es so, daß alles in unserer Gesellschaft auf den materiellen (feststofflichen) Menschen ausgerichtet ist. Die andere Hälfte des Menschen, der feinstoffliche Bereich, wird vollkommen vernachlässigt. Diese ungesunde Lebensweise rächt sich nun immer mehr, so daß wir uns nicht wundern dürfen, wenn wir immer mehr Probleme mit unserem Dasein bekommen.

Ich will hier keinesfalls den Revoluzzer spielen, noch habe ich das Rad neu erfunden. Aber all denjenigen, die nun meinen, ich würde ein wenig übertreiben, kann ich nur sagen:

Vielleicht übertreibe ich ein wenig, aber sind Sie wirklich glücklich? Sind Sie wirklich zufrieden? Wenn ja, dann freue ich mich für Sie und wünsche allen anderen dieses wunderbare Gefühl. Seien Sie sich im klaren darüber, daß Sie damit aber einer Minderheit angehören.

Wenn nein, dann fragen Sie sich doch einmal woher das kommt. Nicht weil Sie dieses oder jenes nicht haben oder erreichen, sondern vielleicht auch, warum Sie dieses oder jenes unbedingt haben müssen?

Siegmund Freud sagt 1930:
Es liegt weder in der Natur noch in der Evolution des Menschen,
daß er glücklich sei.

Ich, Werner Giessing, sage 1999:
Es ist die Natur des Menschen, sprich das Geburtsrecht eines jeden
Menschenn glücklich zu sein.

Das oben Gesagte ist bestimmt nicht von mir zuerst gesagt oder gar erfunden. Vielmehr ist meine Aussage ein grundsätzliches Gesetz der Natur, von dem man leider viel zu wenig hört, liest oder auch sieht.

Für das Arbeiten mit dem Pendel im Bereich der Diagnostik und des Erforschens von Sachverhalten egal welcher Art interessiert uns in der Hauptsache das niedere Selbst.

Das niedere Selbst ist eine ganz tolle Angelegenheit, die im Normalfall, also in seiner ursprünglichen Natur, eines der besten Hilfsmittel für den Menschen ist.

Wenn wir ganz und gar im Einklang mit unserer menschlichen Natur leben, funktioniert das niedere Selbst von ganz alleine. Dann erleichtert es uns nicht nur das Leben ungemein, es geht dann sogar soweit, daß es dafür sorgt, daß wir all das bekommen, was wir uns wünschen, und auch all das bekommen, was nötig ist für ein erfülltes und glückliches Leben. Natürlich hört sich das jetzt ein wenig übertrieben an. Dennoch, es ist so! Die Fähigkeiten und Aufgaben des niederen Selbst sind noch weitaus umfangreicher, als es sich so mancher Verstand vorstellen kann.

Das Problem ist, daß heutzutage kaum jemand wirklich in Einklang mit sich und seiner Natur lebt. Wie denn auch? Wir werden von Geburt an einseitig geprägt in Richtung Verstand, Denken, Logik, Intelligenz. Ich selber kenne dies aus meiner Schulzeit. Der Intelligenteste ist der Beste. Die anderen wichtigen Dinge, als da wären: Intuition, Gefühle, Empfindungen, soziales Verhalten, Ahnungen, werden weder akzeptiert noch werden sie gefördert. Gerade diese Eigenschaften machen uns aber als Menschen aus. Wenn sich die Entwicklung in der Technik weiter dermaßen beschleunigt, ist es ziemlich sicher, daß wir in absehbarer Zeit Computer haben werden, die dem menschlichen Verstand sehr nahe kommen. Das ist auch vollkommen in Ordnung so. Warum sollen wir uns nicht die Technik zunutze machen? Es spricht nichts dagegen.

Eines sollte uns aber zu denken geben: Wo bleibt dann der Unterschied zwischen Mensch und Maschine?

In dieser Zeichnung (unten niederes Selbst / Mitte Bewußtsein / oben höheres Selbst) können wir ersehen, daß das höhere Selbst an der Spitze auch die höchste Qualität besitzt. Das niedere Selbst jedoch an der Basis sehr viel Raum einnimmt und somit auch sehr viel Einfluß auf unser tägliches Handeln und Leben hat.

Wir geben dem Kind einen Namen

Wir sollten unser niederes Selbst behandeln wie einen guten Freund. Mit Achtung und Respekt. Lieber Leser, stört Sie diese unpersönliche Bezeichnung „niederes Selbst"? Schließlich ist dieses niedere Selbst ein Teil unserer Persönlichkeit. Ich habe meinem niederen Selbst einen Namen gegeben. Nicht nur aus Gründen der Bequemlichkeit, der Ästhetik oder des Respekts, sondern weil es für mich in gewisser Form einen eigenständigen Part von mir darstellt. Man kann ihm sogar die Züge einer eigenständigen Persönlichkeit zusprechen. Natürlich ist dies rein fachlich nicht korrekt, jedoch halte ich es für sinnvoll.

Also machen wir uns auf die Suche.

Ich glaube, wir alle haben den Wunsch und das Bedürfnis, einen Freund und Ratgeber in unserem Leben zu haben, der uns immer begleitet und auf den wir uns immer verlassen können. Ein wirklicher Freund, der immer für uns da ist, ohne Wenn und Aber. Entspannen Sie sich und stellen Sie sich vor, wie dieser Freund nun aussehen sollte und welcher Name zu ihm passen würde. Falls Ihnen jetzt ganz spontan ein Name einfällt, nehmen Sie ihn einfach.

Ein Name, der sehr oft verwendet wird, ist „George". Warum das so ist, entzieht sich meinem Wissen. Vielleicht, weil dieser Name in einigen Büchern zum Thema Huna sowie in einigen Bereichen der amerikanischen Psychologie benutzt wird. Mir persönlich ist der Name George sehr sympathisch und mein niederes Selbst mag diesen Namen auch. Im weiteren Verlauf diese Buches verwende ich deshalb den Namen George für unser niederes Selbst.

Ein Gespräch mit einem guten Freund

So könnte es aussehen, wenn Sie sich mit Ihrem Pendel „unterhalten". Vielleicht möchten Sie dabei einer immer wiederkehrenden Erkrankung auf den Grund gehen? Mit Hilfe des Pendels können Sie Ursachenforschung betreiben! Ich habe diese Situation als Beispiel gewählt. Mir geht es jetzt nur darum, Ihnen den Gesprächsverlauf zu verdeutlichen. Wie Sie das Pendel zum Schwingen bringen und was Ja und was Nein bedeutet, erfahren Sie später. Im Augenblick ist es nicht relevant.

Wir möchten den Grund für eine Erkrankung erfahren, die sich folgendermaßen zeigt: Öfters auftretende grippale Infekte in Verbindung mit einer Erkrankung des Halses, besonders einer Entzündung des Kehlkopfes und zwar so stark, daß ein Sprechen nur mit großer Anstrengung und unter Schmerzen möglich ist.

Als erstes sprechen wir unser niederes Selbst an.

„Hallo George, geht es Dir gut?"

Unser Pendel schwingt senkrecht vor und zurück mit mittlerer Stärke.

(Ja)

„George, hast Du Lust mit mir zu sprechen?"

Pendel schwingt wieder vor und zurück, jedoch etwas stärker als vorher.

(Jaa)

„George ich habe da eine Frage, würdest Du mir helfen diese zu beantworten?"

Pendel schwingt deutlich vor und zurück.

(Ja)

„George, hat meine Erkrankung organische Ursachen?"

Pendel schwingt vor und zurück.

(Ja)

„George, hat meine Erkrankung seelische Ursachen?"

Pendel schwingt wieder vor und zurück. Diesmal jedoch merklich stärker.

(Jaaa)

Wir haben es also mit einer organischen und seelischen Ursache gleichzeitig zu tun, jedoch der seelische Bereich überwiegt.

„George, sind die organischen Ursachen in meinen genetischen Veranlagungen zu suchen?"

Pendel schwingt waagerecht.

(Nein)

„George, bin ich besonders anfällig für Infektionserkrankungen?"

Pendel schwingt waagerecht.

(Nein)

„George, liegt es an meinem Umgang mit meinem Körper?"

Pendel schwingt stark vor und zurück.

(Jaa)

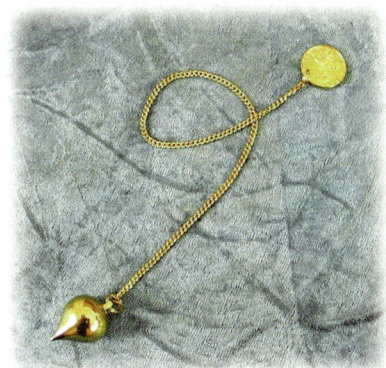

„George, liegt es an meiner Familie?"

Pendel schwingt diagonal (schräg).

(Vielleicht, so nicht eindeutig zu beantworten.)

„George, liegt es vielleicht an meiner Arbeit?"

Pendel schwingt vor und zurück.

(Ja)

„George, widerspricht mir meine Arbeit?"

Pendel schwingt stark waagerecht.

(Neiin!)

„Arbeite ich zuviel?"

Pendel schwingt extrem vor und zurück.

(Jaaa!)

Folgerung: Wahrscheinlich wird durch zuviel Arbeit der Körper soweit geschwächt, daß das Immunsystem nicht mehr gegen entsprechende Viren ankommt. Eigentlich könnten wir die Diagnose hier beenden, denn wenn man nun weniger arbeitet, müßte der Körper wieder genug Abwehrkräfte aufbauen, damit eine solche Erkrankung nicht mehr entsteht bzw. vom Körper selbst geheilt werden kann.

Wir haben bis jetzt jedoch nur den organischen Teil behandelt. Also müssen wir weiter fragen. Wo liegen die seelischen Ursachen für die Erkrankung bzw. für das übertriebene Arbeiten?

„George, wenn ich so krank werde, daß ich nicht sprechen kann, bedeutet dies, daß ich nicht sprechen soll oder darf?"

Pendel schwingt waagerecht.

(Nein)

„George, heißt das, daß ich etwas nicht aussprechen will oder kann?"

Pendel schwingt vor und zurück.

(Ja)

„George, werde ich von etwas oder jemanden blockiert?"

Pendel schwingt vor und zurück.

(Ja)

„Werde ich von meinem Umfeld, meiner Familie oder von meinen Verpflichtungen blockiert?"

Pendel schwingt leicht waagerecht.

(eigentlich nein)

„George, blockiere ich mich selbst?"

Pendel schwingt vor und zurück.

(Ja)

Folgerung: Ich blockiere mich selbst, indem ich mich weigere, etwas auszusprechen bzw. ich bin nicht in der Lage etwas auszusprechen.

„George, finde ich die seelischen Ursachen für meine Krankheit in meinem derzeitigen Umfeld?"

Pendel schwingt waagerecht.

(Nein)

„George, liegen die seelischen Ursachen in einem früheren Leben verborgen?"

Pendel schwingt waagerecht.

(Nein)

Die Ursachen sind weder in der Gegenwart noch in einem früheren Leben (Karma) zu suchen. Da wir ausschließen können, daß zukünftige Ereignisse ein rückwirkendes Karma erzeugen können, bleibt uns als logische Konsequenz nur, daß die Ursache in der Vergangenheit dieses Lebens zu suchen ist.

Um einen zeitlichen Rahmen zu finden, ist es am effektivsten, entweder eine Pendeltafel für Zeitbestimmung zu benutzen oder durch gezielte Fragen den Zeitrahmen einzukreisen. Dabei nehmen wir einfach unser Lebensalter und teilen dies durch zwei. Wenn wir dies getan haben und eine positive Antwort erhalten haben, so können wir nun dieses Ergebnis wieder durch zwei teilen. Diesen Vorgang wiederholen wir solange, bis wir unter Umständen sogar auf den Tag genau datieren können.

„George, ist die Ursache in meinen ersten 20 Lebensjahren zu suchen?"

Pendel schwingt vor und zurück.

(Ja)

„George ist die Ursache in meinen ersten 10 Lebensjahren zu suchen?"

Pendel schwingt waagerecht.

(Nein)

Wir wissen nun, daß die Ursache zwischen dem 10. und 20. Lebensjahr zu suchen ist. Also können wir mit der nächsten Frage schon auf 5 Jahre genau datieren.

„George, liegt die Ursache im Zeitraum zwischen meinem 15. und 20. Lebensjahr?"

Pendel schwingt waagerecht.

(Nein)

Wir kennen nun den Zeitraum auf 5 Jahre genau. Dennoch ist es empfehlenswert, gelegentlich eine Kontrollfrage zu stellen, die uns das Ergebnis bestätigt.

„Liegt die Ursache im Zeitraum zwischen meinem 10. und 15. Lebensjahr?"

Pendel schwingt senkrecht.

(Ja)

Wir haben einen Zeitrahmen gefunden. Jetzt müssen wir Fragen stellen, um die Ursache einzugrenzen. So ist es hier empfehlenswert, erst einmal nach äußeren Einflüssen, wie z. B. Familie, Schule, Freunden, Verwandten etc. zu fragen. Weiterhin kann man auch nach besonderen Ereignissen fragen. Dies können Verkehrsunfälle, Todesfälle in der Familie oder auch beängstigende Situationen sein.

Ich selber habe im Alter von fünf oder sechs Jahren ein Erlebnis gehabt, dessen Folgen sich erst 30 Jahre später bemerkbar machten, als ich beim Wasserski zu Fall kam. Als mir bewußt wurde, daß ich ca. 200 Meter vom Ufer entfernt war und keine Schwimmweste trug, geriet ich in eine Panik, die unter solchen Umständen lebensbedrohlich werden kann. Mit viel Beherrschung und Willen, sowie auch der glücklichen Erkenntnis, daß ein Wasserski oben schwimmt und ein wenig Halt gibt, rettete ich mich ans Ufer.

Da ich jedoch eher der Typ bin, der sich recht gut durchkämpft und für den es keine ausweglosen Situationen gibt, machte mir mein Verhalten im Nachhinein noch reichlich zu schaffen. Das konnte doch nicht *ich* gewesen sein! Bei genauerem Nachdenken fiel mir auf, daß ich mein ganzes Leben lang dem Wasser gegenüber ein eher gespanntes Verhältnis hatte. Natürlich drängte sich der Gedanke auf, in einem früheren Leben ertrunken zu sein. Diese Frage versuchte ich mit dem Pendel zu beantworten.

Ich ging ähnlich wie bei dem oben gezeigten Beispiel vor und kam zu einem überraschenden Ergebnis. Die Ursache lag nicht in einem früheren Leben, sondern in meiner Kindheit: Als Junge spielte ich mit einigen Freunden an dem Teich direkt gegenüber dem Haus meiner Eltern. Einer meiner Freunde schubste mich unabsichtlich in den ca. zwei Meter tiefen Teich. Diese absolute Hilflosigkeit war ein grausames Erlebnis, und wenn nicht ein beherzter älterer Junge zu Hilfe geeilt wäre, so würde ich wohl kaum noch unter den Lebenden weilen.

Nachdem ich nun die Ursache für meine Panik gefunden und mir diesen Unfall wieder ins Gedächtnis gerufen hatte, kann ich heute mit dem Thema Wasser ganz anders umgehen. Nach wie vor gibt es in brenzligen Situationen noch kleine Anflüge von Panik, jedoch nur für den Bruchteil einer Sekunde. Und damit komme ich klar.

Zukunftsvorhersagen mit dem Pendel

Ja, ich kann behaupten man kann es. Und gleichzeitig muß man das auch wieder relativieren. Wenn Sie mit dem Pendel und mit Ihrem niederen Selbst arbeiten, haben Sie Zugriff auf einen immensen Wissensspeicher und auch auf Informationen, die Ihnen nicht direkt zugänglich sind. Sei es nun die Frage, ob ein Lebensmittel gut für Sie ist oder nicht, oder auch die Frage, wie es einem bestimmten Menschen geht, der zur Zeit nicht anwesend ist. Es handelt sich hierbei immer um den IST-ZUSTAND. Dies ist extrem wichtig. Denn wenn Sie zum Beispiel fragen, ob der Ehepartner Sie liebt und das Pendel sagt mehr als deutlich Nein, dann heißt das lediglich, daß Ihr Partner Sie jetzt gerade, in dieser Sekunde in der Sie es auspendeln, nicht mag. Es sagt nichts darüber aus, wie er vor einer Minute über Sie dachte und es sagt auch nichts darüber aus, wie er in zwei Minuten über Sie denken wird. Vielleicht haben Sie gerade eine frische Beule in „sein/ihr" Auto gefahren und Ihr Partner ist deshalb gerade sauer auf Sie. Also manche Aussage bitte nicht unbedingt gleich auf die Goldwaage legen.

Unser Freund George weiß definitiv nicht, ob Sie morgen mit einem Auto einen Unfall haben werden. Aber George weiß, wenn Sie sehr im Streß sind und dadurch dazu neigen, unaufmerksam zu sein. Wenn Sie obendrein noch das Talent haben, ein wenig chaotisch Auto zu fahren, so kann es schon sein, daß Sie die Information bekommen, im Straßenverkehr aufmerksam zu sein, da die Gefahr eines Unfalls besteht.

Genauso kann es sein, daß Sie im Augenblick so sehr unter Streß stehen, daß Ihr Unterbewußtsein Ihnen rät, ein wenig Ruhe würde Ihnen gut tun, aber Sie natürlich, wie fast alle Menschen, nicht darauf hören. Da der biologische Mensch als solches einem sich selbst regulierenden System entspricht, können Sie davon ausgehen, daß Sie in absehbarer Zeit zu einer entsprechenden Ruhezeit kommen werden. Die Frage ist, ob Sie dies freiwillig tun, oder ob Ihr Körper Sie dazu zwingen wird. Möglicherweise wird George Ihnen sagen, daß eine erzwungene Ruhezeit auf Sie zukommen wird. Dies kann zum Beispiel eine Krankheit oder ähnliches sein, wodurch Sie daran gehindert werden, weiter Raubbau an Ihrer Gesundheit zu betreiben.

Die Frage ist natürlich, wie geht das denn überhaupt, ob es nun George, unser Unterbewußtsein oder sonst irgendeine Kraft ist, daß man Dinge weiß oder erfahren kann über Menschen oder Sachverhalte, die gar nicht hier sind? Selbst wenn uns der Mensch gegenüberstehen würde, so könnten wir ihm auch nur *vor* den Kopf und nicht hinein schauen.

Jeder Mensch ist eine Insel

Wir alle sind jeder für sich eine Insel in einem riesigen Meer. Wenn Sie jetzt das Wasser ablassen, dann werden Sie sehen, daß wir alle doch miteinander verbunden sind.

Wir können dem Pendel nur Zukunftsfragen stellen, zu denen sich ein Bezug zum Ist-Zustand herstellen läßt. In den Antworten auf Fragen nach zukünftigen Ereignissen und Entwicklungen lassen sich dann sehr gut Tendenzen erkennen. Was keinesfalls funktioniert sind z. B. die Lottozahlen und ähnliches, denn da haben wir keinen neutralen Ist-Zustand, der dazu geeignet wäre, auf ein zukünftiges Ereignis bzw. auf eine Entwicklung zu folgern.

Anders bei Aktienkursen und Spekulationen. Hier kann das Pendel, entsprechende Erfahrung vorausgesetzt, sehr hilfreich sein. Aber Achtung! Es funktioniert nicht nach dem Prinzip: Jetzt denke ich an die Aktie und erfahre, ob sie steigt oder fällt. Es ist vielmehr so, daß Sie sich bereits im Vorfeld über die Aktie informiert haben müssen und dadurch auch eine gewisse Beziehung zu der Anlage aufgebaut haben. Dann können Sie schon fragen, ob sich die Anlage lang- oder kurzfristig lohnt.

Anderes Beispiel: Sie haben eine Konserve mit Fisch vor sich und fragen, ob der Fisch noch eßbar ist. Die Antwort über das Pendel ist „Nein". Die Frage betraf den Ist-Zustand, also die Gegenwart.

Wenn Sie weiter fragen, ob Sie krank werden, wenn Sie diesen Fisch essen, so wird die Antwort logischerweise „Ja" lauten. Sie haben nach einem zukünftigen Ereignis gefragt, welches zwingend aus dem gegenwärtigen Zustand des Fisches und seiner Genießbarkeit resultiert.

Hätten wir jetzt gleich gefragt, ob wir durch den Verzehr dieses Fisches krank werden, so wäre die Antwort natürlich auch „Ja" gewesen. In diesem Augenblick hätten wir aber eindeutig eine Frage in die Zukunft gestellt und die richtige Antwort bekommen. Daraus läßt sich folgende These ableiten:

Je näher das zukünftige Ereignis liegt und je zwingender die Kausalität zwischen dem Ist-Zustand und dem zukünftigen Ereignis ist, desto genauer die Aussage des Pendels.

Wenn Sie aber jetzt die Frage stellen, ob Sie den Fisch morgen essen werden, dann haben Sie eine absolut sinnlose Frage gestellt und Sie können davon ausgehen, eine entsprechende Antwort zu bekommen.

Durch das Pendel gelangen wir zum einen an Informationen, die uns vom Verstand her nicht zugänglich sind und zum anderen werden die Aussagen nicht durch Wünsche und Befürchtungen verfälscht.

Bitte beachten Sie bei der Fragestellung, daß Ihnen die Antwort wirklich etwas bringt. Es nützt reichlich wenig, wenn Sie auf all Ihre Fragen zu einem Problem zwar sehr viele richtige Antworten erhalten, diese Antworten Sie jedoch der Problemlösung nicht näher bringen. Also stellen Sie die Fragen so, daß die vermutlichen Antworten eine hohe Qualität in Bezug auf die Lösung des Problems haben.

Die Möglichkeiten und Anwendungsgebiete des Pendels

Es gibt unzählige Möglichkeiten und Bereiche, wo das Pendel sinnvoll zum Einsatz kommen kann. Alle können Sie in diesem Buch nicht finden. Sie sind selbst auch ein wenig gefordert, aus den gegebenen Beispielen Ihre eigenen Ableitungen zu finden.

Setzen Sie das Pendel jedenfalls dort ein, wo es Ihnen oder anderen auch wirklich eine Hilfestellung ist. Was hilfreich ist oder nicht, ist natürlich für jeden einzelnen etwas anderes. Was Sie jedoch tunlichst unterlassen sollten

FRAGE: *Ist es nicht gefährlich, mit dem Pendel in die Zukunft zu sehen?*
ANTWORT: Gefährlich ist relativ. Wenn Sie versuchen, in die Zukunft zu sehen und von diesen Ergebnissen alles abhängig machen, dann ist dies mehr als fragwürdig. Wenn Sie jedoch den Blick in Ihre „wahrscheinliche Zukunft" nutzen, um Dinge positiver zu gestalten, so spricht dem nichts entgegen. Einzig zu beachten sind die sogenannten sich selbst erfüllenden Prophezeiungen. Dazu sei gesagt, daß dies eher selten vorkommt. Wenn ein Mensch jedoch dazu neigt, solchen Prophezeiungen zu erliegen, dann sollte er grundsätzlich die Finger von Dingen lassen, die divinatorischen Charakter haben. Dies gilt für alle esoterischen Methoden.

wäre zum Beispiel, das Pendel tagtäglich mit derselben Frage zu belästigen oder gar die Entscheidung ganz vom Pendel abhängig zu machen.

Wenn Sie im Halteverbot parken und Sie die Politesse schon von weitem kommen sehen, ist es wenig sinnvoll, das Pendel mal kurz zu befragen, ob man erwischt wird oder nicht. Das ist einfach albern. Gelegentlich soll ja auch schon mal der kluge Menschenverstand weitergeholfen haben.

Besonders wenn es um Partnerschaften und Beziehungen geht, sollte man sich im klaren sein, daß sich das Ergebnis durch mehrmaliges Befragen nicht ändern wird.

Das Pendel hilft uns überall dort weiter, wo unsere Sinne auf ihre Grenzen stoßen. Es hilft uns aber auch dort, wo wir einfach den neutralen Rat eines guten Freundes benötigen, nicht irgendein Schönreden, sondern eine ehrliche Antwort. Dies gilt auch für zukünftige Ereignisse.

Das Pendel kann, wenn es richtig eingesetzt wird, zu einem zuverlässigen Begleiter und Ratgeber werden. Mehr jedoch nicht. Ob Sie nun letztendlich auf ihn hören, hängt ganz von Ihnen ab.

Wichtig: Die folgenden Seiten zeigen Möglichkeiten, in denen das Pendel sinnvoll eingesetzt werden kann. Sie sind jedoch weder als eigenständige Frage-anleitung zu verstehen noch vollständig! Denken Sie daran, immer nur Fragen zu stellen, die mit „Ja" oder „Nein" beantwortet werden können. Ich zeige Ihnen mitunter nur den Frage-Bereich auf, die passende Frage müssen Sie dann selbst formulieren.

Gesundheit/Körper

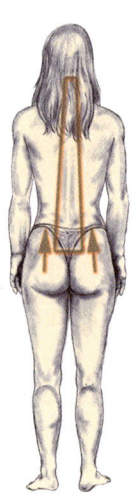

Für Unwohlsein, Erschöpfung oder Antriebslosigkeit gibt es mehr als genug mögliche Ursachen: Überanstrengung, Übermüdung, emotionale Probleme, organische Erkrankungen oder falsche Ernährung und Lebensweise. Mit dem Pendel können Sie die genauere Ursache erforschen.

Und dann folgt auch schon das nächste Anwendungsgebiet für unser Pendel: Die Frage nach der besten Heilmethode für eine Erkrankung.

Wo bin ich am besten aufgehoben? Ist es der Hausarzt, der Heilpraktiker, der Psychologe, der Therapeut oder der Fachmann in asiatischer Medizin? Hilft mir Aromatherapie, Homöopathie, Bachblüten-Behandlung oder Akupunktur? Oder ist der Weg in die Klinik der vernünftigste?

Viele Psychologen und auch Heilpraktiker bedienen sich des Pendels als Werkzeug zur Diagnostik. Auch durfte ich schon einige Pendel an gestandene Allgemeinmediziner liefern.

Die professionelle, gesundheitliche Diagnostik muß aber letztlich immer dem Arzt oder Heilpraktiker vorbehalten sein! Weiterhin bitte ich zu bedenken, daß der eine oder andere Mediziner dem Pendel ein wenig skeptisch gegenüber eingestellt sein wird, so daß Sie Ihrem Hausarzt nicht unbedingt Ihre eigene, ausgependelte Diagnose mit aller Gewalt aufs Auge drücken sollten. Seien Sie diplomatisch wenn Sie Ihrem Arzt Ihre Meinung mitteilen, dann

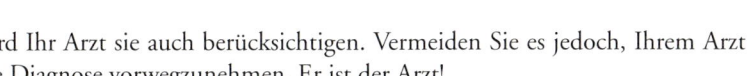

wird Ihr Arzt sie auch berücksichtigen. Vermeiden Sie es jedoch, Ihrem Arzt die Diagnose vorwegzunehmen. Er ist der Arzt!

Wenn Sie Ihrer Neurologin erklären wollen, wie man ein CT (eine Computer-Thomographie) auspendelt, werden Sie, milde ausgedrückt, mit Sicherheit auf Granit beißen, wahrscheinlich passiert Schlimmeres.

Oder wie sieht es mit Allergien aus? Natürlich geht es. Es ist zwar recht komplex, aber machbar. Welche Textilien vertrage ich? Worauf reagiere ich gut? Worauf reagiere ich nicht oder gar negativ? Ist das Implantat als solches Auslöser für die Allergie oder sind es einzelne Polymere?

Sie können theoretisch alles auspendeln, was in direktem Zusammenhang mit Ihrem Körper steht.

Psychologie

Die Psychologie bietet ein riesiges Feld für den Einsatz des Pendels. Im Bereich Heilung ebenso wie in der Regeneration. Es birgt eine sehr effiziente Methode, um Kontakt mit dem Unterbewußtsein aufzunehmen und wieder eine Kommunikation mit dem Bewußtsein herzustellen.

Richtig eingesetzt ist das Pendel ein hervorragendes Instrument, wenn es um Fragen zur Analyse und zur Therapie geht.

Sie können das Pendel auch zu zwischenmenschlichen Beziehungen innerhalb der Familie befragen. Eventuelle psychische Probleme können damit aufgedeckt und vielleicht sogar geheilt werden. Wie stehe ich zum meinem Bruder, wie zu meiner Mutter? Gibt es Dinge im Bereich meiner Familie, die ich verdränge? Habe ich mit meinem Vater/meiner Mutter meinen Frieden gemacht? Warum weigere ich mich, es zu tun? Wovor habe ich wirklich Angst?

Beruf

Fragen Sie Ihr Pendel, wenn Sie sich über manche Dinge nicht im klaren sind.

Wo liegen meine wirklichen Fähigkeiten? Bin ich in meiner Position wirklich gut aufgehoben? Bin ich für die vorgeschlagene Stelle qualifiziert? Unterliege ich wirklich Mobbing-Attacken oder liegt es vielleicht an mir selbst? Übertreibe ich es mit meinem Pflichtbewußtsein? Ist mein Beruf meine Berufung? Bin ich von Natur aus ein Workaholic oder kompensiere ich durch meine Arbeit persönliche Themen und Probleme? Wovor laufe ich eigentlich davon? Welches Problem versuche ich über meine Arbeit zu kompensieren?

Lebensmittel

Interessant ist das Auspendeln von Lebensmitteln. Oft ist es sehr hilfreich, wenn man weiß, ob ein Lebensmittel frisch ist, oder nicht, ob der Apfel aus kontrolliert biologischem Anbau wirklich frei ist von Chemie oder anderen Giftstoffen. Der immer aktueller werdende Bereich der Genmanipulation bietet ein weiteres Feld für das Pendel.

Schadet oder nützt mir ein Nahrungsmittel? Ist das Nahrungsmittel wirklich in dem Zustand, wie es die Aufschrift verheißt?

Heilsteine

Eine der einfachsten Übungen für das Pendel: Ist dieser Heilstein gut für mich? Bringt er mir wirklich die erhoffte Wirkung oder sieht er einfach nur gut aus?

Prüfen Sie mit dem Pendel, ob ein Heil- oder auch Edelstein echt ist, oder ob es sich um einen manipulierten Stein handelt. Zum Beispiel der Citrin. Ist er natürlich oder handelt es sich um einen gebrannten Amethyst?

Ihr Pendel verrät Ihnen, ob ein Stein wirklich die Energien bringt, wie versprochen. Oder auch, ob ein „aufgeladener" Stein für Ihren Zweck dienlich ist.

Partnerschaft

Besonders zu Beginn einer Partnerschaft ist es natürlich spannend, das Pendel zu befragen.

Ist dieser Mensch wirklich gut für mich? Ist er aufrichtig? Will ich wirklich diese Beziehung? Gibt es Probleme in meiner Beziehung, die ich nicht sehen will? Gibt es Dinge, die ich ändern muß? Bin ich bereit, eine wirkliche Partnerschaft einzugehen? Welches sind die herausragenden Charaktereigenschaften meines Partners? Wo liegen die Stärken, wo die Schwächen?

Und im weiteren Verlauf einer Partnerschaft natürlich:
Schwanger oder nicht? Junge oder Mädchen?

Feinstoffliche Medizin, Öle, Bachblüten, Homöopathie, Meisteressenzen

Es gibt viele Möglichkeiten, die Wahl fällt oft nicht leicht.
Welche feinstofflichen Essenzen helfen mir weiter?

Charakterwerte

Niemand kann in einen anderen Menschen hineinsehen, doch manchmal wäre es gut, dessen wirkliche Beweggründe besser zu kennen.

Ist dieser Mensch wirklich ehrlich oder glaubt er es nur zu sein? Ist dieses Verhalten wirklich Stärke oder haben wir es hier mit grenzenloser Arroganz zu tun? Will oder kann er/sie sich nicht ändern? Fleißig oder faul, extrovertiert oder introvertiert, schnell oder langsam, sportlich oder gemütlich?

Sie sehen, es gibt zahlreiche Möglichkeiten, die verschiedenen Eigenschaften zu beleuchten.

Erdstrahlen, Elektrosmog

Das Auspendeln von Wohn-, Schlaf- und Arbeitsräumen bringt Lebensqualität.
Steht mein Bett hier an der richtigen Stelle? Steht neben meinem Schreibtisch besser eine Pflanze oder ein Zimmerbrunnen?

Auch unseren Lebensraum generell können wir mit dem Pendel besser verstehen lernen. Unser gesamter Planet ist umgeben und durchdrungen von elektrischen und elektromagnetischen Feldern, die in ungünstiger Konstellation sogar ernste organische Erkrankungen auslösen können. Das Pendel, aber auch die Rute und der Tensor, sind derzeit die einzigen zuverlässigen Instrumente, die diese Energiefelder anzeigen können.

Feng Shui

Feng Shui, die Lehre der Harmonie der Landschaften, der Gebäude und der Räume ist eine phantastische Methode, Energien innerhalb und im Umfeld von Lebensräumen zu optimieren und zu harmonisieren. Daher ist es auch nicht weiter verwunderlich, daß die führenden Feng-Shui-Meister kundig sind in den Gebieten der Radiästhesie. Das Feng Shui (Wind und Wasser) beachtet nicht nur die Energien der Erde und des Lebensraumes, sondern auch die Energien des Himmels.

(Buchtip: Wenn Räume erwachen, Brigitte Gärtner, Windpferd Verlag.)

Wenn Sie das Pendel zusätzlich benutzen, können Sie feststellen, ob die vollzogenen Veränderungen greifen oder ob sich unten im Erdreich beispielsweise noch zwei sich kreuzende Wasseradern befinden, welche die Raum- und Wohnsituation negativ beeinflussen. Ich für meinen Teil prüfe bei jeder Feng-Shui-Beratung vor Ort zusätzlich die Wohnungssituation mit dem Pendel.

Auf Schatzsuche gehen

Natürlich ein wenig übertrieben ausgedrückt, aber dennoch in gewissem Rahmen möglich. Es hört sich realistischer an, wenn wir sagen, wir suchen verlorene Dinge oder Gegenstände. Sicherlich ist es Ihnen auch schon passiert, daß Sie einen Gegenstand, den Sie im Augenblick nicht benötigten, irgendwo im Haus deponiert haben. Spätestens dann, wenn Sie mit absoluter Sicherheit vergessen haben, wo er liegt, werden Sie ihn plötzlich dringend brauchen. Mit einem Pendel können Sie sich die Suche erheblich vereinfachen.

Schatzsuche funktioniert jedoch auch!

Materialprüfung

Von außen und ohne spezifische Fachkenntnisse können wir oft nicht erkennen, ob ein Material das ist, wonach es aussieht. Zum Beispiel bei Schmuck.

Ist der Ring wirklich aus Gold oder nur vergoldet? Aufpassen müssen wir hier bei der Fragestellung, denn Schmuck kann nicht aus 100 Prozent reinem

Gold bestehen. Also wird das Pendel sicher mit „Nein" antworten, sollten wir nach reinem Gold gefragt haben, selbst wenn der Ring aus 999er Gold besteht. Also muß unsere Frage lauten: Besteht dieser Ring zum Großteil aus Gold?

Echtheitsprüfung

Genauso können wir mit dem Pendel die Echtheit von anderen Edelmetallen, Schmuckstücken oder auch Kunstgegenständen, Edelsteinen und sogar Unterschriften prüfen.

Bücher

Nicht lachen, ich meine es ernst. Pendeln Sie sich doch einfach das richtige Buch aus! Sie gehen in eine Buchhandlung und suchen ein gutes Buch über Feng Shui. Sie werden viele Titel finden. Welches ist nun das richtige für Ihre Bedürfnisse? Benutzen Sie ein Pendel! Ich habe es schon oft genug erlebt, wie Kunden in mein Geschäft kamen, kurzerhand das Pendel zückten und der Fall war innerhalb von zwei Minuten erledigt.

Chakren und Eigenenergie

Wenn Sie etwas über die Chakren und die Eigenenergie erfahren möchten, stellt das Pendel ein wichtiges Hilfsmittel dar. Es gibt Ihnen genau Auskunft darüber, welche Chakren wieweit geöffnet oder geschlossen sind. Auch sagt es Ihnen, wo die Defizite liegen. Natürlich werden einige entgegnen, dazu brauche ich kein Pendel, das kann ich mit meinen Händen genauso gut. Das mag für Sie zutreffen, jedoch nicht alle Menschen haben diese Fähigkeit. Bedenken Sie zudem, daß alles, was Sie mit Ihren Händen spüren oder auch im Bereich der Aura sehen, definitiv nur subjektiv ist. Das heißt jetzt nicht, daß Sie mit dem, was Sie spüren, falsch liegen. Vielmehr unterliegt dieses Empfinden immer Ihrer persönlichen körperlichen wie auch seelischen Konstitution. Auch wenn man visuell die Chakren und auch die Aura wahrnehmen kann, so wird dies immer durch die eigene Aura gefiltert.

Wenn man richtig pendelt, hat man eine objektive Aussage, die meines Erachtens zuverlässiger ist als ein subjektives Empfinden.

Die hier gezeigten Beispiele sind nur ein Bruchteil dessen, wozu man ein Pendel einsetzen kann. Möglichkeiten gibt es noch und noch, doch vergessen Sie nie:

Ein Pendel ist ein Werkzeug, ein Meßinstrument, mehr nicht.

Die Gefahren beim Pendeln

Die Arbeit mit dem Pendel ist weder riskant noch gefährlich. Dennoch möchte ich hier einige Punkte anführen, die man wissen sollte. Dies gilt insbesondere für Menschen mit seelischen Problemen oder mit einer labilen Persönlichkeit.

Wenn man seine ersten Versuche mit dem Pendel macht und es auch gleich funktioniert, dann kann es leicht passieren, daß man das Pendel Tag für Tag benutzt. Nicht nur als Diagnose-Instrument, sondern auch zur Entscheidungshilfe. Dagegen ist so nichts einzuwenden. Wir benutzen ja auch jeden Tag eine Zahnbürste oder ein Verkehrsmittel. Problematisch wird es erst, wenn wir das Pendel für fast jede Entscheidung nutzen. Wir sollten das Pendel nur dann einsetzen, wenn wir mit unserem normalen Verstand nicht weiterkommen oder wenn wir eine Bestätigung brauchen. Andernfalls verlernt man leicht, verschiedene Handlungsalternativen miteinander zu vergleichen und zwischen ihnen abzuwägen. Das Resultat ist, daß man sich an das permanente Abgeben an eine „höhere Instanz" gewöhnt und selber die Fähigkeit verliert, komplexe Situationen zu beurteilen.

FRAGE: *Stimmt es, daß Pendeln mit Magie und Zauberei zu tun hat?*

ANTWORT: Also vorweg sei gesagt, mit Zauberei bezeichnet man eher Kunststücke, die durch Geschicklichkeit und Geschwindigkeit eine Illusion erzeugen oder einen Sachverhalt vortäuschen. Damit hat Pendeln überhaupt nichts zu tun.

Mit der Magie ist das so eine Sache. Wenn Sie dabei an Geister, Dämonen und Teufelsbeschwörungen denken, kann ich Ihnen garantieren, daß das Pendeln damit nichts zu tun hat. Wenn Sie jedoch bedenken, daß die Magie mit der Liebe zwischen Menschen beginnt, wenn absolutes Glück seine eigene Magie hat, dann kann ich mit ruhigem Gewissen sagen, ja, Pendeln hat mit Magie zu tun. Ob es das Gefühl höchsten Glücks ist, die Fähigkeit, Dinge vorauszuahnen oder ob es Ihr Schutzengel ist. Dies alles und noch viel mehr ist Magie. Die Welt ist Magie!

Grundsätzliche Voraussetzungen für die Arbeit mit dem Pendel

Zunächst geht es um unsere innere Einstellung und unseren Gemütszustand. Es bringt wenig, mit dem Pendel Fragen zu beantworten, wenn man total aufgeregt oder emotional zu sehr involviert ist. Und erzwingen können Sie schon mal nichts.

Denn aufgepaßt: viel zu schnell wird der Wunsch zum Vater des Gedankens und dann könnten unsere Wünsche, Ängste und Befürchtungen das Ergebnis verfälschen!

Für eine Pendelbefragung sollten wir entspannt sein und wenigstens halbwegs in Harmonie mit uns selbst. Optimal wäre es, wenn wir eine möglichst neutrale Einstellung zum Ergebnis der Fragestellung hätten. Dies bedeutet jetzt aber nicht, daß wir vor jeder Befragung stundenlang meditieren und in uns gehen müssen. Bei wirklich tiefgreifenden Fragen ist dies bestimmt von Vorteil, meines Erachtens im alltäglichen Leben aber nicht erforderlich.

Absolutes Tabu sind:

• *Alkohol vor oder während des Pendelns!*

• *Medikamente, welche die Reaktionsfähigkeit oder das Denken beeinflussen können. Dazu gehören bestimmte Schmerzmittel wie auch Psychopharmaka oder Medikamente (Mittel), die den Gemütszustand beeinflussen.*

• *Rauchen während des Pendelns!*

• *Designer-Drogen jeglicher Art!*

Pendeln geht nicht:

• *Wenn Sie krank sind (Fieber, Grippe, Infekte etc.)*

• *Direkt vor und während eines Gewitters*

• *Bei akuter seelischer und emotionaler Verletzung*

• *Mit gekreuzten Beinen*

Die Körperhaltung

Setzen Sie sich an einen Tisch. Das Pendel gehört bei einem Rechtshänder in die rechte Hand und bei einem Linkshänder in die linke Hand. Die Erläuterungen in diesem Kapitel (nur in diesem Kapitel!) beziehen sich der Einfachheit halber auf Rechtshänder. Für Linkshänder entsprechend umgekehrt.

Sitzen Sie entspannt, möglichst aufrecht und bequem (wenn Ihr Kinn dabei auf der Tischplatte zum Liegen kommt ist es vielleicht ein wenig zu bequem). Beide Füße müssen den Erdboden berühren und die Beine dürfen keinesfalls gekreuzt sein! Bitte achten Sie öfters darauf. Sogar ich ertappe mich gelegentlich mit gekreuzten Beinen. Stützen Sie den Ellenbogen des rechten Arms auf dem Tisch auf. Dadurch erhalten Sie zum einen eine gewisse Stabilität und zum anderen ermüdet der Arm nicht so schnell. In der rechten Hand halten Sie das Pendel und harren nun der Dinge, die da kommen.

Die Handhaltung

Es gibt verschiedene Möglichkeiten, ein Pendel in der Hand zu halten:
- Sie können die Kette mit dem Abschlußring an den ausgestreckten Zeigefinger hängen (1).
- Sie können die Kette in die Hand legen und zwischen Handinnenkante und Daumen herunter hängen lassen (2).
- Sie können die Kette zwischen Daumen und Zeigefinger halten (3).
- Sie können die Kette über den Handrücken legen, so, daß das Ende der Kette mit dem Daumen gehalten wird und das Pendel an der Handaußenkannte herunter hängt (4).
- Sie können die Kette an der ausgestreckten Hand zwischen Zeige- und Mittelfinger (Handrücken nach oben) halten (5).

Ich persönlich bevorzuge es, das Pendel zwischen Daumen und Zeigefinger zu halten. Probieren Sie einfach aus, was Ihnen am meisten zusagt. Wichtig ist, wenn Sie sich für eine Handhaltung entschieden haben, daß Sie diese nach Möglichkeit auch beibehalten. So wie das Pendel das beste ist, das Sie am meisten benutzen, so ist auch die Haltung die beste, die Sie am häufigsten einnehmen.

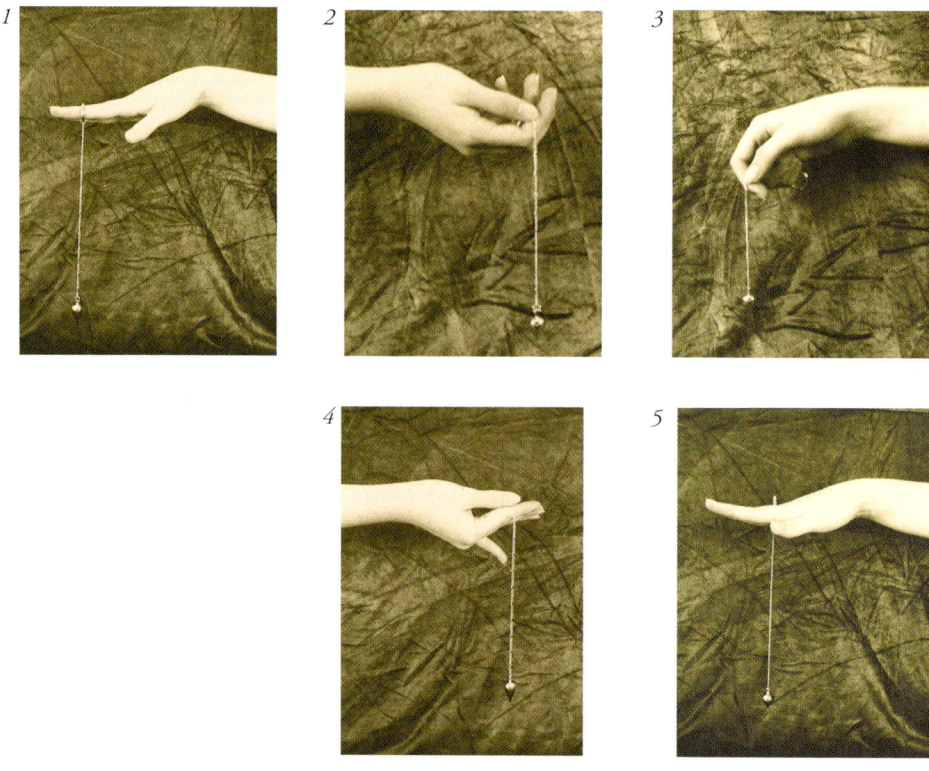

1 2 3

4 5

Die ersten Pendelschwünge
(bewußtes Pendeln)

Wir setzen uns bequem an einen Tisch und versuchen möglichst entspannt zu sein. Also einfach ganz locker. Sehen Sie es so, als hätten Sie ein neues Spielzeug und wir schauen nun mal, was man alles damit anstellen kann. Sie nehmen Ihr Pendel in die rechte Hand, stützen den Ellenbogen auf und lassen es erst einmal ganz ruhig an der Kette hängen.

Denken Sie jetzt bitte an nichts anderes, als daran, das Pendel in Bewegung zu setzen. Bemühen Sie sich, Ihr Pendel ganz bewußt vor- und zurückschwingen zu lassen (vom Körper weg und wieder zu ihm hin). Wenn Sie dabei Ihre Hand vor und zurück bewegen, dürfte das keinerlei Probleme bereiten. Nachdem dies gelungen ist, versuchen Sie es, ohne dabei die Hand zu bewegen. Natürlich gelingt dies auch auf Anhieb. Sie brauchen ja nur Ihre Finger vor und zurück zu bewegen und schon entsteht ein Pendelschwung. Nun probieren Sie, das Pendel in Bewegung zu versetzen, ohne daß Sie sich selbst, Ihre Hand oder die Finger bewegen. Es braucht vielleicht einen kleinen Augenblick, aber bereits nach kurzer Zeit wird das Pendel schwingen. Geben Sie nicht gleich auf, falls dies wider Erwarten nicht gelingt. Manchmal braucht es eben ein wenig Zeit.

Möglicherweise verharrt das Pendel völlig bewegungslos und es sieht so aus, als würde die Kette leicht vibrieren. Legen Sie das Pendel kurz aus der Hand, stehen Sie auf und schütteln Sie die Hände mal richtig gut aus. Es kann auch sehr hilfreich sein, beide Hände aneinander zu reiben, so als wollten Sie sie erwärmen. Sie werden sehen, anschließend wird das Pendeln funktionieren.

Jetzt konzentrieren Sie sich auf einen gleichmäßigen Schwung. Sie können auch laut aussprechen, was Sie von Ihrem Pendel möchten. Wenn das Pendel schön gleichmäßig schwingt, dann versuchen Sie, die Stärke des Schwungs zu steuern. Lassen Sie es ganz bewußt sehr stark schwingen und versuchen Sie dann, den Schwung abzubremsen, so daß das Pendel nur noch minimal ausschlägt. Wenn Ihnen dies gelungen ist, geht's gleich weiter zur nächsten Übung.

Lassen Sie Ihr Pendel waagrecht von links nach rechts schwingen, schön gleichmäßig, und versuchen Sie dann, die Schwungstärke zu kontrollieren. Dasselbe bitte auch noch diagonal (schräg) nach links und diagonal nach rechts.

All dies dürfte kaum Schwierigkeiten gemacht haben.

Nehmen Sie nun Ihr Pendel und lassen Sie es im Kreis schwingen. Erst rechts herum, dann links herum. Und auch hier sollten Sie versuchen, die Stärke des Kreises und die Geschwindigkeit zu kontrollieren.

Zum Schluß das Ganze noch in einer Ellipse.

So, nun haben Sie gependelt, zwar nicht in dem Sinne, wie man eigentlich pendelt, sondern Sie haben gezielt und bewußt Ihr Pendel in einen bestimmten Schwung gebracht.

Ihr persönliches Ja und Nein

Nun stellen wir erst einmal fest, wie Ihr persönliches Ja und Nein aussehen. Dazu gibt es mehrere Möglichkeiten.

Die neutrale Methode

Nehmen Sie eine Batterie in die linke Hand, so daß der Pluspol nach oben weist. Achten Sie darauf, daß es sich um eine volle (geladene) Batterie handelt. Halten Sie Ihr Pendel über den Pluspol der Batterie und warten Sie einfach mal ab. Normalerweise müßte das Pendel schon nach wenigen Sekunden in eine Schwingung geraten.

Nehmen Sie nun die Batterie andersherum, so daß der Minuspol nach oben zeigt. Halten Sie wieder Ihr Pendel darüber und nun müßte das Pendel entgegengesetzt zu vorher schwingen. Das heißt, wenn das Pendel beim Pluspol senkrecht schwingt bzw. einen Rechtskreis beschreibt, so wird das Pendel beim Minuspol waagerecht schwingen bzw. in einem Linkskreis. Der Pluspol der Batterie entspricht Ihrem persönlichen Ja und der Minuspol entspricht Ihrem persönlichen Nein. So einfach ist das.

Die intuitive Methode

Sie können Ihr Pendel in die Hand nehmen und sich eine Frage stellen, deren Antwort Sie bereits definitiv kennen. Aber bitte keine Glaubensfragen. Wenn Sie zum Beispiel fragen, ob Ihr Partner Ihnen treu ist, so sollten Sie natürlich die richtige Antwort kennen. Jedoch ist diese Frage für unsere Zwecke nicht geeignet, denn was wir glauben ist eine Sache, die Realität unter Umständen eine ganz andere.

Eher geeignet ist die Frage: Zwei und zwei ergibt vier. Stimmt das? Hiermit erhalten Sie dann Ihr Ja. Oder Sie fragen: Berlin ist in Amerika. Stimmt das? So erhalten Sie Ihr Nein.

Die Huna-Methode

Die dritte Methode ist die Eichung des Pendels. Natürlich eichen wir hier nicht das Pendel als solches. Wir fragen in diesem Fall nicht George: „Wie hättest Du es denn gern?", sondern wir geben George eine Vorgabe, wie er antworten soll. Wir konzentrieren uns auf George (niederes Selbst), bringen dann das Pendel in einen senkrechten Schwung und denken uns dazu: „Dies ist JA". Dann lassen wir das Pendel waagerecht schwingen und denken dazu: „Dies ist NEIN". Diesen Vorgang wiederholen wir mehrmals. Dann bringen wir das Pendel in eine Kreisbewegung rechts herum und denken uns: „Dies ist JA". Dasselbe dann umgekehrt, also Linkskreis und dies ist NEIN. Wenn wir diese

Übungen mehrmals gemacht haben, nehmen wir unser Pendel, halten es ruhig und denken an JA. Sie werden sehen, das Pendel beginnt zu schwingen. Erst langsam, dann immer mehr. Der Schwung wird senkrecht oder ein Rechtskreis sein. Genauso versuchen Sie es jetzt mit dem NEIN. Diese Übung sollten Sie mehrmals wiederholen und dann langsam beginnen, Fragen zu stellen, deren Antworten Sie bereits definitiv kennen (siehe vorherige Erklärung). Beginnen Sie am besten mit ganz einfachen Fragen.

Jeder der besprochenen Vorgehensweisen funktioniert, allerdings sollten Sie nicht damit rechnen, sofort ein hundertprozentiges Ergebnis zu haben. Es ist völlig normal, wenn das Pendel erst einmal nichts tut. Es braucht schon ein wenig Zeit, bis es die ersten Schwünge macht. Drei bis vier Versuche sind anfangs völlig normal. Wenn Sie einen Führerschein machen, gehen Sie ja auch nicht gleich auf die Autobahn und fahren 220 km/h. Viel eher ist es doch so, daß man den Motor erst ein-, zweimal abwürgt und dann vorsichtig seine erste Fahrstunde macht. Also bitte, ein wenig Geduld.

Falls sich Ihr Pendel gar nicht rührt, fixieren Sie es vielleicht zu sehr mit den Augen. Die Folge: es bleibt wie angenagelt stehen. In manchen Fällen geht das sogar so weit, daß Sie Ihre Pendelhand bewußt bewegen können und das Pendel denkt nicht im geringsten daran, in Schwingung zu geraten. Also fixieren Sie nicht das Pendel.

Wie wir wissen, wird der unbewußte Pendelschwung von George eingeleitet und gesteuert. Vielleicht hat George noch gar nicht bemerkt, worum es geht oder vielleicht ist George noch nicht ganz munter. Also machen wir mal den

Weckdienst für unseren George. Legen Sie Ihr Pendel beiseite. Setzen oder stellen Sie sich ganz bequem aufrecht hin und versuchen Sie, möglichst entspannt zu sein. Wir sammeln jetzt Energie, zentrieren sie und führen sie unserem niederen Selbst, sprich George, zu.

Energie sammeln und zum niederen Selbst führen:
Nehmen Sie dazu beide Hände und reiben Sie diese fest aneinander. Erst langsam, dann immer schneller, so, daß die Hände sich wirklich merklich erwärmen. Bei diesem Vorgang aktivieren wir unsere Handchakren.

Wir nehmen nun unsere beiden Hände und halten sie vor uns (die Handinnenseiten zueinander) in einem Abstand von ca. 20 bis 30 cm. Stellen Sie sich vor, Sie würden einen Ball modellieren. Bewegen Sie dabei die Hände langsam aufeinander zu und wieder voneinander weg. Sie werden das Gefühl haben, als würde sich ein leichter Widerstand zwischen beiden Händen aufbauen. Je mehr Sie „modellieren", desto realer wird dieser Ball aus Energie: Je näher Ihre Hände zusammenkommen, desto stärker spüren Sie den Widerstand und die Energie. Fühlen Sie den Ball, freuen Sie sich an seiner Stärke. Visualisieren Sie den Ball, so als wäre er real. Geben Sie ihm eine Farbe.

Dieser Vorgang sollte nicht länger als 2 bis 3 Minuten dauern. Durch das Formen dieses Energieballs haben Sie Ihre Handchakren aktiviert und sensibilisiert. Dies ist schon sehr hilfreich beim Pendeln und wenn Sie jetzt Ihr Pendel nehmen, dann bemerken Sie sicherlich, daß es besser geht. Dies reicht aber noch nicht aus, um George zu wecken.

Den geformten Energieball führen wir nun langsam zu unserem Körper hin und drücken ihn langsam im Brustbereich in unseren Körper. Sie werden förmlich spüren, wie etwas im oberen Bereich Ihres Brustbeins in den Körper eindringt.

Während Sie dies tun, sollten Sie den Vorgang durch Ihr Denken unterstützen. Das heißt, Sie müssen sich den Energieball richtig bildlich vorstellen. Wie er sich formt, wie er immer größer und auch stärker wird. Erst wenn Sie den Ball wirklich spüren, dann führen Sie Ihn George mit dem Gedanken zu, daß Sie ihm damit Kraft und Energie geben.

Kurzform:
Ball visualisieren, Ball bilden, Ball formen,
Ball über den Körper dem niederen Selbst zuführen.

Ja oder Nein oder auch Vielleicht, das ist hier die Frage

Nachdem wir nun wissen, wie man mit dem Pendel arbeitet, schauen wir uns mal genauer an, wie die Pendelbewegungen zu deuten sind.

Im weiteren Text dieses Buches gehe ich von einer positiven Polung aus. Dies bedeutet:

- Senkrecht entspricht Ja
- Waagerecht entspricht Nein
- Rechtskreis entspricht Ja
- Linkskreis entspricht Nein

Für all diejenigen, bei denen die Zuordnung (auch nur teilweise) entgegengesetzt ist (negative Polung) gelten die folgenden Angaben entsprechend umgekehrt.

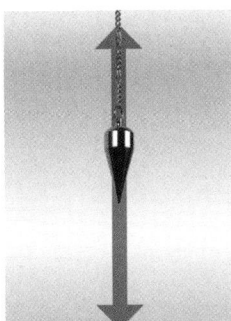   

Wenn wir eine klare Ja- oder Nein-Frage formuliert haben, kann es passieren, daß das Pendel diagonal (also schräg) schwingt oder eine Ellipse beschreibt.

- Diagonalen: wir haben keine eindeutige Antwort bekommen.
- Ellipsen: sind eher als ein Vielleicht zu deuten.

  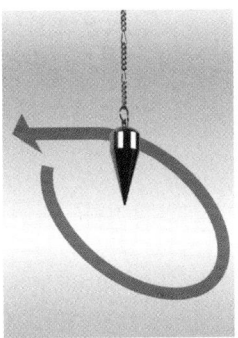 

Fragen, die wir meiden sollen

Alle Fragen, die eventuelle zukünftige Unglücksfälle betreffen, sind absolutes Tabu (Wann werde ich sterben? Wann stirbt mein Partner, wann mein Kind?), vor allen Dingen, weil die Antwort mit Sicherheit falsch sein wird. Außerdem wird die Antwort Sie kein Stück in Ihrem Leben weiterbringen.

Achten Sie darauf, daß Ihre Fragen und auch die Fragen von einem Klienten ethisch und moralisch vertretbar sind.

Es gab in meiner Praxis schon Klienten, die ich klipp und klar gefragt habe, ob es ihnen nicht ein wenig zu gut ginge. Oft werden nämlich auch Fragen gestellt, die auf ein erhofftes Erbe oder auf die „Befreiung" von einem Partner durch dessen Tod abzielen. Hier muß ich sagen, sorry, nicht meine und hoffentlich auch nicht Ihre Welt.

Die richtige Frage ist hier die Frage

FRAGE: *Wenn das Pendel links herum dreht, bedeutet das Nein und wenn es rechts herum dreht, bedeutet es Ja. Stimmt das so?*
ANTWORT: Nicht ganz. Bei den meisten Menschen ist das so, bei etwa 10 Prozent ist es genau umgekehrt. Jeder muß es für sich selbst herausfinden.

In den vorherigen Kapiteln haben Sie gelernt, wie Sie sich einer Informationsquelle bedienen können und die Informationen auch sichtbar machen können. Dies alleine reicht jedoch noch nicht aus, um erfolgreich zu pendeln.

Die Kunst ist es, die *richtigen* Fragen zu stellen.

Wir können dem Pendel zur Zeit ein Ja, ein Nein oder auch ein Vielleicht entlocken, also müssen wir unsere Frage so formulieren, daß sie möglichst nur mit einem Ja oder Nein zu beantworten ist. Das ist gar nicht so schwer. Das eigentliche Problem ist, sich im klaren zu sein, was man eigentlich wissen will.

Wenn es darum geht, ob ein Lebensmittel gut für mich ist, stelle ich einfach die Frage: Ist dieses Lebensmittel gut für mich? Recht einfach, aber wir wissen noch nicht, wieso es gut oder auch nicht gut ist. Wenn wir mehr erfahren wollen, müssen wir uns mit weiteren Fragen vorarbeiten. In diesem Fall zum Beispiel: Ist es verdorben? Ist es chemisch behandelt? Ist es genetisch verändert? Reagiere ich allergisch? Hier ist es nicht unbedingt schwer, sondern eben nur aufwendig, bis wir wissen, was wir wissen wollen. (Wie es einfacher geht, erfahren Sie im Kapitel über die Arbeit mit der Pendeltafel.)

Ganz anders gestaltet sich die Thematik der richtigen Fragestellung im Bereich der Gefühle und Emotionen. Beherzigen Sie aber zu diesem Punkt bitte folgenden Rat: Man muß nicht immer alles hinterfragen. Manchmal ist es besser, einfach nur auf sein Herz zu vertrauen und die Dinge zuzulassen. Alles, was wir mit dem Kopf machen, ist immer nur Theorie. Wissen werden wir die Sachen erst dann, wenn wir sie leben.

Gehen wir mal davon aus, daß Sie sich in einen anderen Menschen verliebt haben, und nun möchten Sie wissen, ob der andere Mensch Ihre Gefühle erwidert. Kein Problem denken Sie, die Frage ist ganz einfach: Liebt er/sie mich oder nicht?

Da Sie meinen Rat jedoch sowieso ignorieren, nehmen Sie Ihr Pendel, konzentrieren sich auf den Menschen Ihrer Begierde und schon bald werden Sie ein Ergebnis haben. Wenn Sie eine Fotografie benutzen, geht es noch viel besser (siehe Kapitel „Der Zeuge"). Eigentlich eine klare Angelegenheit, aber ...

Gesetzt den Fall, es handelt sich um ein männliches Wesen und die Antwort war eindeutig Ja, so wissen Sie lediglich, daß die Liebe erwidert wird. Mehr wissen Sie nicht. Sie wissen nicht, ob er Ihnen seine Liebe zeigen wird, sie wissen nicht, ob er Sie begehrt, sie wissen auch nicht, ob er vielleicht verheiratet ist und Sie wissen schon gar nicht, ob er Sie glücklich machen wird.

Sie sehen, es ist doch nicht so einfach, die Fragen richtig zu formulieren.

Nun könnte man ja gleich fragen, ob dieser Mensch Sie glücklich machen wird. Mit dieser Frage werden wir etwas effektiver. Aber immer noch ist es nicht klar, wieso er Sie glücklich machen wird. Es ist auch möglich, daß Sie beide zusammen kommen, sogar heiraten werden, und dann müssen Sie feststellen, daß sich dieser Mensch, der Sie zwar liebt, zu einem faulen, trinkenden Taugenichts entpuppt. Dann haben Sie mit Sicherheit in dem Moment ein absolutes Glücksgefühl, wenn Sie ihn endlich wieder los sind. Also stellen Sie weise Fragen!

Der Kontakt

Wenn wir einen Gegenstand auspendeln, so nehmen wir das Pendel in die rechte und den Gegenstand in die linke Hand. Wir stellen dadurch einen *Kontakt* her, der den Informationszugriff erheblich erleichtert, weil wir die entsprechende Schwingung aufnehmen. Wenn es sich beispielsweise um ein Medikament handelt, reicht auch die Verpackung, der Beipackzettel oder das verordnete Rezept (wenn darauf nur dieses eine verordnete Medikament steht), um eine entsprechende Verbindung zu bekommen.

Wollen Sie die Eigenschaften eines anderen Menschen auspendeln, so ist es natürlich am besten, wenn dieser Mensch persönlich anwesend ist. Setzen Sie sich nebeneinander oder gegenüber, so, daß Sie bequem Ihre freie Hand in die Hand des anderen legen können und achten Sie darauf, daß Sie mit den Fingerspitzen Ihrer Hand in die Innenhand des anderen greifen. Somit berühren Sie sein „Herz". Jetzt haben Sie den gewünschten Kontakt und können mit der Pendelbefragung beginnen.

Sie können der anderen Person gegenüber stehen oder sitzen oder Sie sitzen neben der anderen Person.

Ein wenig anders sieht es aus, wenn wir einen Menschen auspendeln wollen, der nicht da ist oder der nichts davon wissen sollte. Ob man so etwas tut oder nicht, überlasse ich Ihnen. Vielleicht interessiert Sie der Gesundheitszustand eines Angehörigen. Wenn Sie keinen direkten Kontakt mit ihm herstellen können, müssen Sie sich einer Hilfe bedienen. Man kann es auch eine Brücke nennen. Wir nennen es hier „den Zeugen". Übrigens, nicht nur Menschen, auch Tiere kann man auspendeln.

Der Zeuge

Ein Zeuge kann alles mögliche sein: Ein Foto, ein Brief oder ein persönlicher Gegenstand. Eigentlich ist der Zeuge nur ein Mittel zur Kontaktaufnahme wie im vorherigen Kapitel beschrieben. Egal was es ist, es muß zu der Person gehören bzw. die Person zeigen, über die wir etwas erfahren wollen. Je näher der Gegenstand mit der Person verbunden ist, desto besser. Zum Beispiel ist die Unterschrift eines Menschen oder ein Haar von ihm etwas sehr Persönliches und als Zeuge geeignet.

Nehmen Sie den Zeugen in die linke Hand oder berühren Sie ihn mit der linken Hand bzw. mit einem Finger der linken Hand. In jedem Falle sollte ein körperlicher Kontakt hergestellt werden. Danach beginnen Sie, mit dem Pendel in der rechten Hand Fragen zu stellen. Entweder Ja- und Nein-Fragen oder Sie nutzen eine Pendeltafel. Sie können alle sinnvollen Fragen stellen, aber lassen Sie dem anderen noch ein Stückchen Intimsphäre.

Fotografien eignen sich hervorragend als Zeugen. Am besten ist es natürlich, wenn darauf nur die entsprechende Person abgebildet ist. Es geht jedoch auch, wenn mehrere Menschen oder Menschen und Tiere auf dem Bild sind. Legen Sie dann einfach einen Finger der linken Hand auf die entsprechende Person, die Sie auspendeln möchten.

Weil Sie anschließend Ihre Augen auf das Pendel richten müssen, um zu sehen, wie es schwingt, kann es natürlich passieren, daß Sie mit dem Finger ein wenig verrutschen und beispielsweise statt auf die entsprechende Person nun auf den Hund im Foto zeigen. Jetzt pendeln Sie nicht mehr den Menschen, sondern den Hund aus und die Ergebnisse sind dementsprechend. Stellen Sie sich doch mal diese köstliche Katastrophe vor, wenn Sie z. B. nach der Lieblingsspeise Ihres Partners gefragt haben oder auch nach seinen persönlichen Vorlieben … Natürlich ist dieses Beispiel ein wenig überzogen. Es soll Ihnen aber zeigen, daß es von immenser Wichtigkeit ist, immer sorgfältig zu arbeiten.

Pendeln für andere

Es ist weitaus einfacher, für andere Menschen zu pendeln als für sich selbst. Der Grund dafür ist, daß wir anderen gegenüber meist neutraler sind und dies ist, wie Sie sich erinnern, eine wichtige Grundlage für erfolgreiches Pendeln. Mit die besten Ergebnisse erhalten Sie folgerichtig, wenn Sie für oder über wildfremde Menschen pendeln. Sie können also einer guten Freundin ebenso Auskunft geben über deren eigene Stärken und Schwächen, wie auch über die ihrer Familie. Voraussetzung ist dann aber wieder ein Zeuge.

Wenn Sie für andere pendeln, so sollte dies immer mit äußerster Sorgfalt und Fingerspitzengefühl geschehen, da Sie es sich sonst unter Umständen mit Ihrem Gegenüber schnell verscherzen. Pendeln Sie niemals unaufgefordert für andere. Es macht zwar eine Menge her und man kann ordentlich Eindruck hinterlassen, wenn man mit dem Pendel arbeitet. Mißbrauchen Sie es aber niemals für Showeffekte oder Effekthascherei!

Die Suche nach Gegenständen oder auch nach Personen

Wir können unser Pendel auch nutzen, um nach Gegenständen oder Personen zu suchen. Wenn wir zum Beispiel einen Schlüssel verlegt haben, so ist es eine der leichteren Übungen, diesen wiederzufinden. Wichtig ist hierbei, daß wir uns einen zeitlichen und räumlichen Rahmen schaffen. Wir sollten also halbwegs wissen, wann und wo wir den Schlüssel verlegt oder verloren haben.

Ich selber hatte vor einigen Jahren ein sehr drastisches „Schlüsselerlebnis". Zu der Zeit lebte ich in Frankfurt und an einem Samstagvormittag hatte ich eine Verabredung in ca. 150 km Entfernung. Da mir diese Verabredung sehr wichtig war und Pünktlichkeit eine Tugend ist, wollte ich mich zeitig auf den

Weg machen. Ich nahm meinen Schlüsselbund, verließ die Wohnung im 2. Stock, ging den Weg am Haus entlang, kam zu meinem Auto und ...? Richtig, ich kam ohne Schlüssel an! Nachdem ich ergebnislos die Suche eingestellt hatte, besorgte ich mir schnellsten den Zweitschlüssel meiner Wohnung. Aber auch dort fand ich keinen Schlüsselbund. Nach einigen hektischen Anflügen habe ich dann das Autoschlüssel-Problem mit einem Schraubenzieher und etwas Gewalt gelöst. Vielleicht war diese Lösung nicht unbedingt ein Aushängeschild für meine eher ruhige und bedachte Art, aber diese Verabredung war mir halt sehr wichtig.

Was hat das alles nun mit dem Pendel zu tun? Tage später – meine Wohnung und mein Auto hatten inzwischen ein neues Schloß – beschäftigte mich der verschwundene Schlüsselbund noch immer. Also entschied ich mich, es einmal mit dem Pendel zu versuchen. Ich wußte ungefähr, wann ich ihn verloren hatte und ich wußte recht genau, wo er sich räumlich befinden mußte. Also habe ich mein Pendel genommen und es in einem Kreis schwingen lassen. Währenddessen ging ich in Gedanken den Weg von meiner Wohnung zum Auto ab. Als ich in Gedanken auf dem Weg vorm Haus war, begann mein Pendel mit einmal sehr stark zu schwingen, d. h. der Kreis wurde mit einmal viel größer. Da ich den Weg jedoch abgesucht hatte, konnte der Schlüssel dort nicht sein. Also war mein nächster Gedanke das angrenzende Blumenbeet und siehe da, das Pendel schwang noch stärker. Obwohl ich das Beet schon vorher abgesucht hatte, ging ich nochmals auf die Suche. In dem Beet waren meine Fußabdrücke zu sehen, der Schlüssel aber nicht. Weil Schlüssel nicht die Eigenschaft haben, sich von selber einzugraben, blieb nur eine Möglichkeit: Ich hatte den verlorenen Schlüssel bei meiner etwas hektischen Suche in die Erde eingetreten. So war es dann auch. Hätte ich gleich zu Beginn die Ruhe behalten und ein Pendel benutzt, so hätte ich mir Geld und Streß gespart.

Wenn Sie einen Gegenstand verloren oder verlegt haben, dann versuchen Sie, sich an soviel wie möglich zu erinnern und dann nehmen Sie Ihr Pendel und bringen es in einen schönen gleichmäßigen Kreisschwung. Gehen Sie in Gedanken alle geographischen oder räumlichen Gegebenheiten durch. Wenn Sie dem gesuchten Gegenstand nahe kommen, werden Sie feststellen, daß Ihr Pendel den Schwung merklich verstärkt. Beachten Sie aber hier auch, daß Sie die richtige Frage stellen. Fragen Sie also nicht, wo Sie einen Gegenstand verloren haben, denn dann wissen Sie noch lange nicht, wo sich der Gegenstand zur Zeit befindet.

Es ist auch möglich, Menschen zu finden. Dafür brauchen Sie einen persönlichen Gegenstand oder ein Foto als Zeugen. Als nächstes nehmen Sie eine Landkarte mit dem Gebiet, wo Sie die Person vermuten. Haben Sie keine Ahnung, so müssen Sie halt dort beginnen, wo Sie absolut sicher sind, daß sich die gesuchte Person aufhält. Im Zweifelsfalle also auf dem Erdball. Grenzen Sie jetzt durch entsprechende Fragestellung das Gebiet ein. Also: In diesem Kontinent, in diesem Land, in dieser Stadt, in diesem Haus, in dieser Wohnung? Natürlich ist das jetzt ein wenig vereinfacht dargestellt, aber im Grunde funktioniert es so.

Das Auspendeln von Nahrungsmitteln

(Dieses Kapitel ist auch übertragbar auf andere Dinge, wie z. B. Medikamente und Nahrungsergänzungen, d. h. alles, was wir zu uns nehmen.)

Das Pendel gibt uns die phantastische Möglichkeit, jegliche Nahrungsmittel zu „durchleuchten". Sie können beispielsweise fragen: „Ist dieses Obst gut für mich?" oder: „Ist dieser Joghurt noch genießbar?". Natürlich sollte die Fragestellung sinnvoll sein. Einen alten Käse, der sich bereits bewegt, brauchen wir nicht mehr danach auszupendeln, ob er wohl noch genießbar wäre. Interessant sind alle Fragestellungen, die uns eine zusätzliche Information und einen entsprechenden Nutzen bringen. Sehr oft führe ich Beratungen durch, bei denen meine Klienten sich die Nahrungsmittel auf Allergien auspendeln lassen. Jeder, der selbst mit Nahrungsmittelallergien zu tun hat, wird wissen, wie langwierig und umständlich eine Austestung sein kann. Das Pendel gibt uns hier die Möglichkeit, schnelle und genaue Informationen zu bekommen.

In Bezug auf Nahrungsmittel sind die Möglichkeiten der Befragung wieder nahezu unbegrenzt. Hier einige Beispiele:

„Sind die Eier frisch?"

„Wie alt ist das Nahrungsmittel?"

„Stimmt das aufgedruckte Haltbarkeitsdatum?"

„Ist das Obst gespritzt?"

„Entstammt das Obst wirklich kontrolliertem biologischen Anbau?"

„Ist das Nahrungsmittel gentechnisch manipuliert?"

„Enthält dieses Obst Stoffe, auf die ich allergisch reagiere?"

Diese Fragen lassen sich alle mit Ja oder Nein beantworten. Besonders attraktiv wird es jedoch, wenn wir die Lebensmittel mit Hilfe des Pendels und einer Pendeltafel auspendeln. Dann können wir auch folgende Fragen stellen:

„Wieviel Prozent tierisches Eiweiß enthält dieses Lebensmittel?"

„Wie alt sind diese Eier?"

„Wieviel Prozent Fruchtzucker enthält dieser Apfel?"

Zum Auspendeln benötigen wir natürlich das entsprechende Nahrungsmittel. Achten Sie darauf, daß Sie bei einer allgemeinen Frage über das Nahrungsmittel das Pendel über dieses Nahrungsmittel halten und es dabei nicht berühren (zum Beispiel: „Ist diese Birne genießbar?" fragt nach einem allgemeinen für die meisten Menschen gültigen Sachverhalt).

Anders ist es, wenn wir etwas erfragen, das auf unsere Person bezogen ist. Dann müssen wir einen Kontakt herstellen. Das sieht so aus, daß wir das Nahrungsmittel mit einer Hand berühren (zum Beispiel die Frage: „Ist dieses Obst gut für mich?" bezieht sich ganz konkret auf unsere Person).

Beachten Sie bitte, daß die erzielten Ergebnisse theoretisch täglich voneinander abweichen können. Es ist ja möglich, daß Sie heute fragen: „Ist dieses Ei gesund und gut für mich?" und Sie bekommen ein „Ja". Nachdem Sie nun zehn Eier verschlungen haben, fragen Sie erneut, ob dieses Ei gut für Sie ist, und das Ergebnis können Sie sich sicher vorstellen. Ein eindeutiges „Nein" wird nun die Antwort sein.

Pendeltafeln

Das Pendeln mit Pendeltafeln

Eine erhebliche Erleichterung bringt das Pendeln mit einer Pendeltafel. Der Vorteil liegt darin, daß wir nicht bloß eine Ja- oder Nein-Antwort bekommen, sondern mit einem einzigen Pendelvorgang recht viele Auswahlmöglichkeiten bearbeiten können. Es gibt verschiedenste Formen von Pendeltafeln. Aber im Grunde gibt es nur zwei prinzipielle Unterschiede: Kreisförmige und halbkreisförmige.

Kreisförmige Pendeltafel

Halbkreisförmige Pendeltafel

Ich gebe der halbkreisförmigen Tafel den Vorrang, da diese praxisgerechter und auch einfacher zu händeln ist. Bei der kreisförmigen Pendeltafel können wir zwar mehr Begriffe unterbringen, jedoch läuft man Gefahr, einige davon mit der eigenen Hand zu verdecken. Außerdem muß es bei der kreisförmigen Tafel einen separaten Vor- und Rückschwung geben (das Pendel schwingt auch in das gegenüberliegende Feld).

Wenn wir eine halbkreisförmige Pendeltafel vor uns liegen haben, so sehen wir, daß diese in mehrere beschriftete Sektoren unterteilt ist, die beschriftet oder mit Farben oder Symbolen versehen sind.

Nun wollen wir zum Beispiel einen Heil- oder Edelstein für uns auspendeln. Die Fragestellung lautet: „Welcher Stein ist momentan der beste für mich?"

Wir nehmen z. B. die Auswahltafel „Heilsteine" (Seite 63) und finden dort eine Einteilung mit 8 Sektoren, die mit Steintafel 1–8 beschriftet sind. Mit dieser Tafel erfahren wir, auf welcher der Tafeln wir unseren Stein finden. Dies geschieht, indem wir unser Pendel über das Kreuz an der Unterkante der Tafel halten. Wir konzentrieren uns auf die Frage und lassen unser Pendel in die entsprechenden Sektoren schwingen. Einen Sektor nach dem anderen. Sie werden merken, daß es einen Sektor gibt, in dem unser Pendel stärker schwingt als in den anderen. Zur Bestätigung wiederholen wir den Vorgang. Jetzt wissen wir, auf welcher der Tafeln wir unseren Stein finden.

Mit der entsprechenden Tafel beginnt dann das Spiel von neuem. Auf diese Weise haben wir innerhalb weniger Minuten unseren Stein gefunden. Zudem können wir noch auspendeln, in welcher Form der Stein seine optimale Funktion erfüllt.

Die Pendeltafeln

Auswahltafel

Tafel 1

Tafel 2

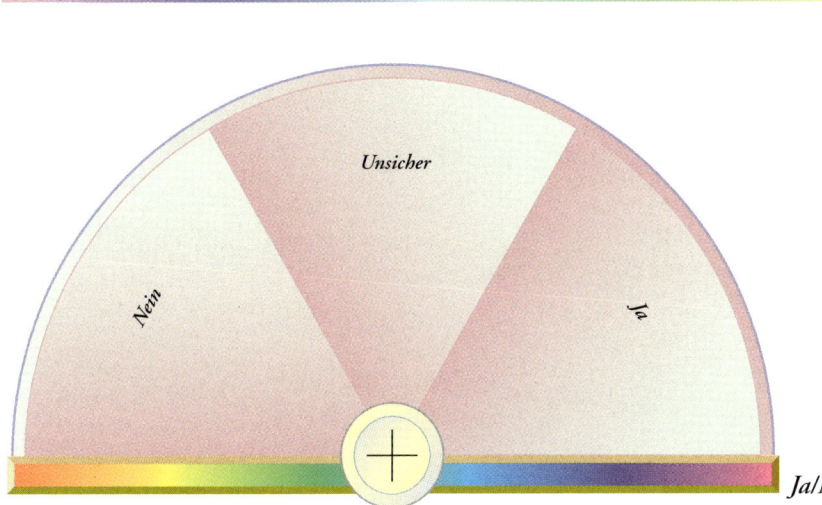

Ja/Nein-Tafel

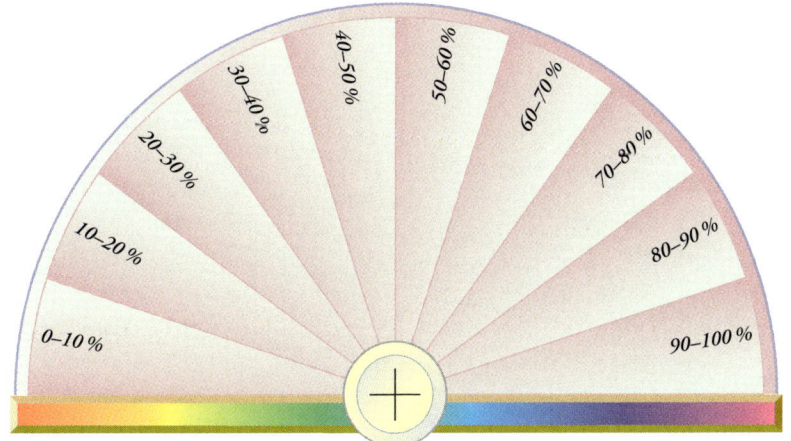

Prozentetafel 1

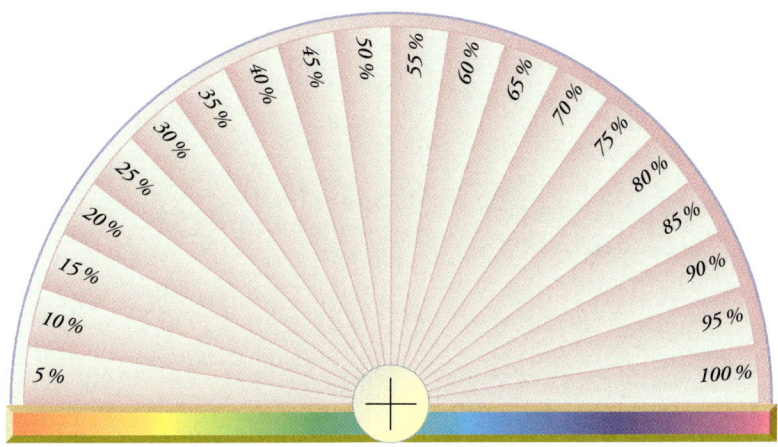

Prozentetafel 2

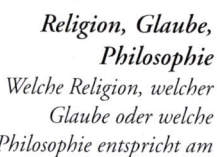

Religion, Glaube, Philosophie

Welche Religion, welcher Glaube oder welche Philosophie entspricht am ehesten meiner Natur?

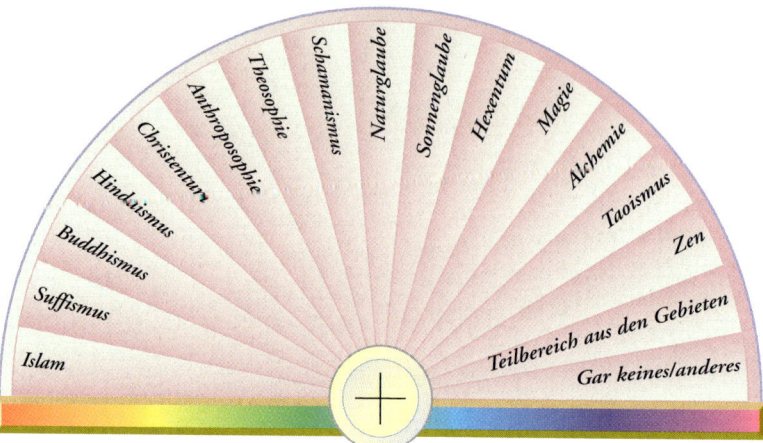

Christentum · Anthroposophie · Theosophie · Schamanismus · Naturglaube · Sonnenglaube · Hexentum · Magie · Alchemie · Taoismus · Zen · Teilbereich aus den Gebieten · Gar keines/anderes · Islam · Suffismus · Buddhismus · Hinduismus

Esoterische Tätigkeit

Welche esoterische Tätigkeit würde mir und meinen Bedürfnissen am ehesten entsprechen?

Tafel 1

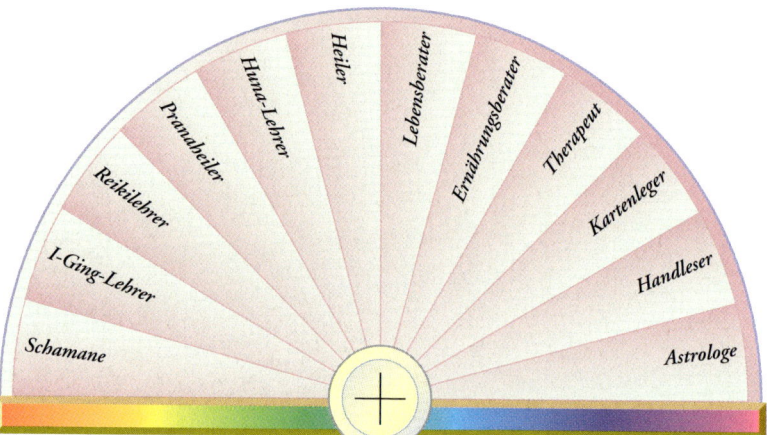

Reikilehrer · Pranaheiler · Huna-Lehrer · Heiler · Lebensberater · Ernährungsberater · Therapeut · Kartenleger · Handleser · Astrologe · Schamane · I-Ging-Lehrer

Tafel 2

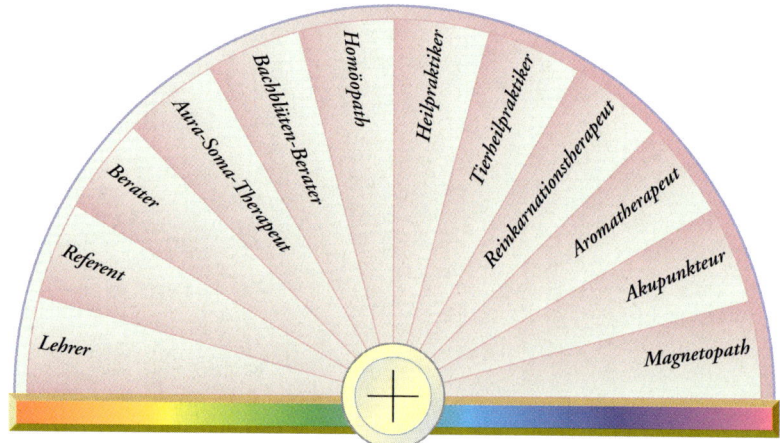

Lehrer · Referent · Berater · Aura-Soma-Therapeut · Bachblüten-Berater · Homöopath · Heilpraktiker · Tierheilpraktiker · Reinkarnationstherapeut · Aromatherapeut · Akupunkteur · Magnetopath

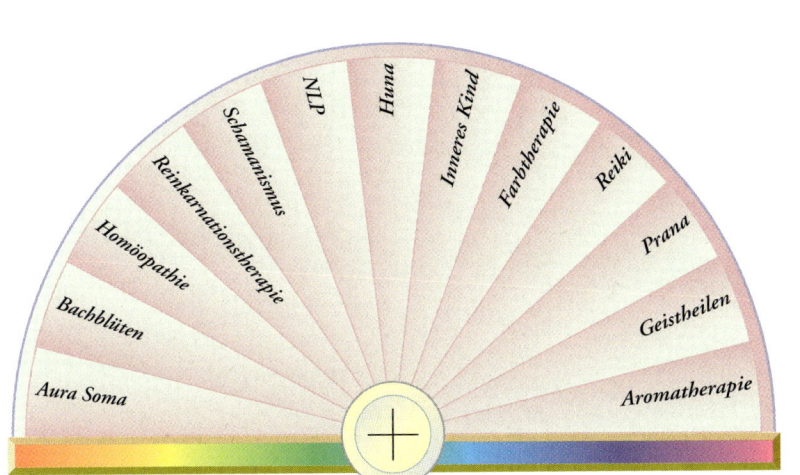

Therapien und esoterische Heilformen für persönliche Entwicklung

Welche Therapierichtung bzw. Esoterische Heilform wäre meiner Entwicklung am zuträglichsten?

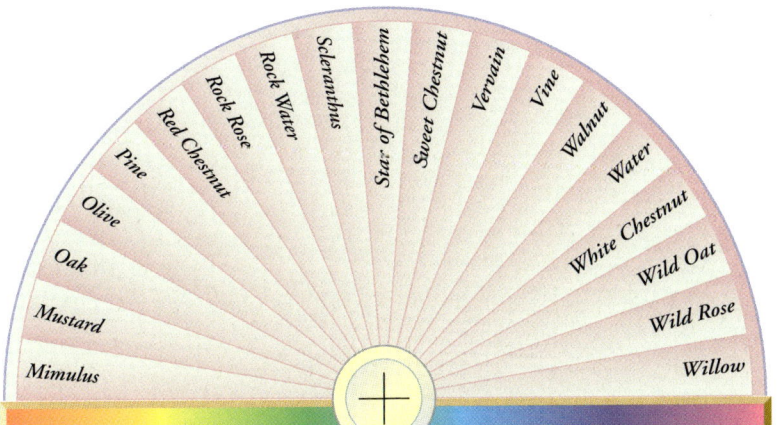

Bachblütentafel

Hier sollten Sie erst mal mit der *Ja/Nein*-Tafel (Seite 59) feststellen, ob Sie überhaupt Bachblüten benötigen. Dann die Frage: *Können mir Bachblüten helfen?* Sind beide Fragen mit *Ja* beantwortet, fragen wir, *ob wir nur eine Essenz benötigen oder mehrere kombiniert.* Dann nehmen wir die *Auswahltafel* (Seite 58) und fragen, *wo wir die benötigte/n Bachblüte/n finden.* Nun können wir auf der entsprechenden Tafel die benötigte/n Essenz/en finden.

Tafel 1

Tafel 2

61

Lichtwesen
Meisteressenzen
Die Vorgehensweise ist
hier genauso wie bei den
Bachblüten.

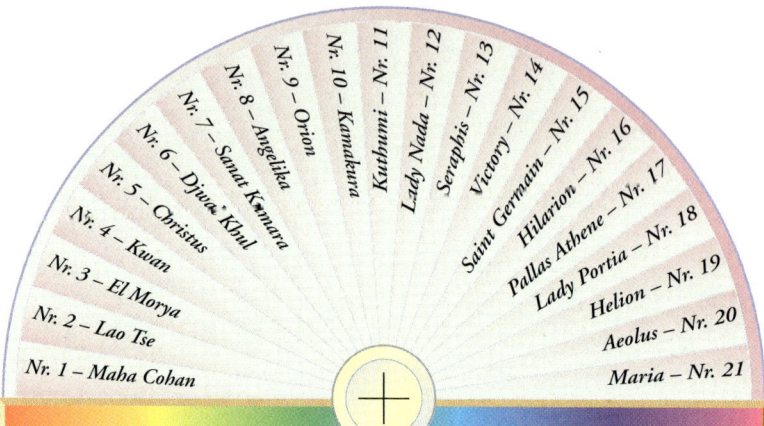

- Nr. 1 – Maha Cohan
- Nr. 2 – Lao Tse
- Nr. 3 – El Morya
- Nr. 4 – Kwan
- Nr. 5 – Christus
- Nr. 6 – Djwal Khul
- Nr. 7 – Sanat Kumara
- Nr. 8 – Angelika
- Nr. 9 – Orion
- Nr. 10 – Kamakura
- Kuthumi – Nr. 11
- Lady Nada – Nr. 12
- Seraphis – Nr. 13
- Victory – Nr. 14
- Hilarion – Nr. 15
- Saint Germain – Nr. 16
- Pallas Athene – Nr. 17
- Lady Portia – Nr. 18
- Helion – Nr. 19
- Aeolus – Nr. 20
- Maria – Nr. 21

Engel
Mögliche Fragestellung:
*Welcher Engel hilft mir am
meisten bei meinen
aktuellen Problemen?
Welcher Engel gibt mir zur
Zeit die meiste
Zuwendung?
Welcher Engel ist meiner
spirituellen Entwicklung
am zuträglichsten?
Welchen Engel sollte ich
zur Zeit meiden?*

- Michael
- Jophiel
- Gabriel
- Raphael
- Chamuel
- Uriel
- Zadkiel
- Haniel
- Metatron
- Sandalphon
- Nathanael
- Sophia
- Anael
- Muriel
- Camael
- Raguel
- Raziel
- Bariel

Steinformen
Bitte beachten Sie, daß
nicht jeder Stein in jeder
Form zu erwerben ist
oder daß der Stein in der
gewünsch-ten Form
extrem teuer ist! Es kann
Ihnen also durchaus
passieren, daß Sie z. B. als
optimalen Stein einen
Herkimer Diamant in
Donut Form auspenden.
Das wird dann dorch ein
wenig teuer. Also sollte
man da durchaus etwas
kompromißbereit sein.

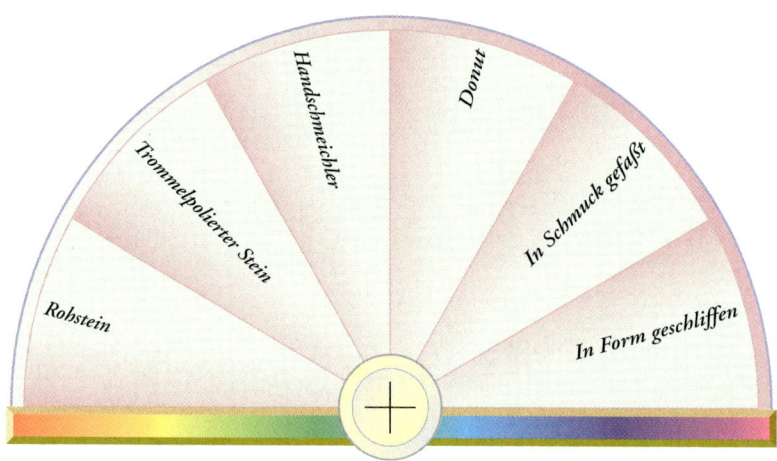

- Rohstein
- Trommelpolierter Stein
- Handschmeichler
- Donut
- In Schmuck gefaßt
- In Form geschliffen

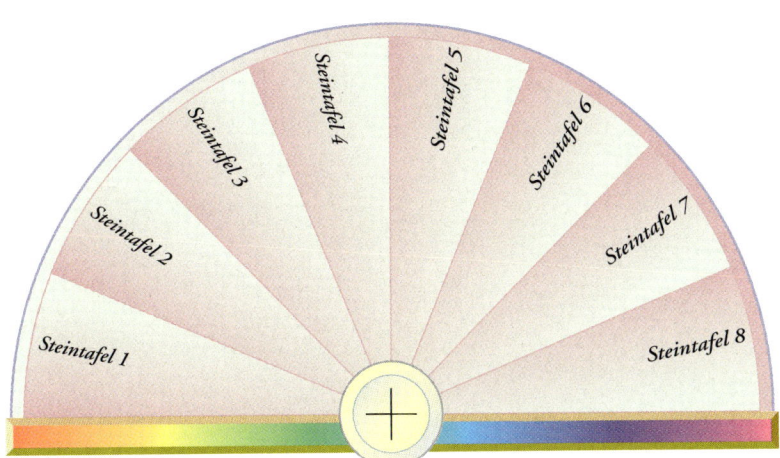

Steintafel 1
Steintafel 2
Steintafel 3
Steintafel 4
Steintafel 5
Steintafel 6
Steintafel 7
Steintafel 8

Heilsteine

Fragestellung:

Welcher Stein ist zur Zeit gut für mich?
Welcher Stein hilft zu meiner Gesundung?
Welcher Stein gibt mir Kraft?

Vorgehensweise:
Pendeln Sie erst aus, auf welcher Pendeltafel Sie Ihren Stein finden. Dann nehmen Sie die entsprechende Pendeltafel und pendeln Ihren Stein aus.

Auswahltafel

Achat
Achatgeode
Amazonit
Amethyst
Amerrin
Apatit
Aquamarin
Aragonit
Aventurin rot
Aventurin grün
Aventurin gelb
Azurit
Azurit-Malachit
Baumquarz
Bergkristall
Bernstein
Beryll
Blauquarz
Boji Stein

Steintafel 1

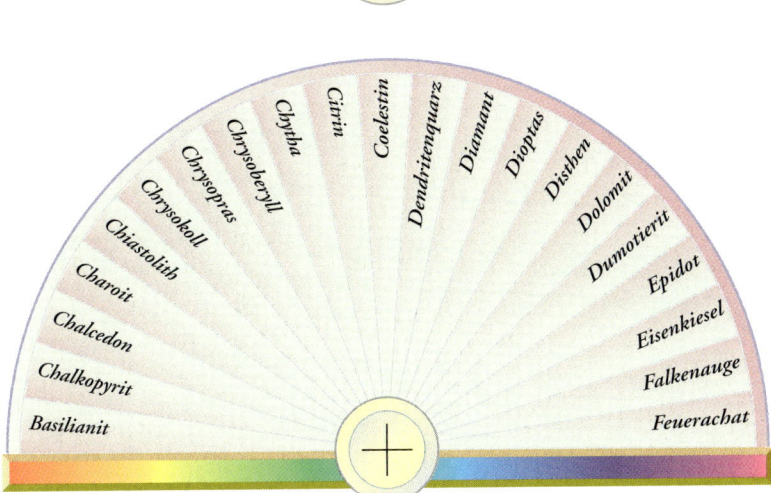

Basilianit
Chalkopyrit
Chalcedon
Charoit
Chiastolith
Chrysokoll
Chrysopras
Chrysoberyll
Chytha
Citrin
Coelestin
Dendritenquarz
Diamant
Dioptas
Disthen
Dolomit
Dumotierit
Epidot
Eisenkiesel
Falkenauge
Feuerachat

Steintafel 2

63

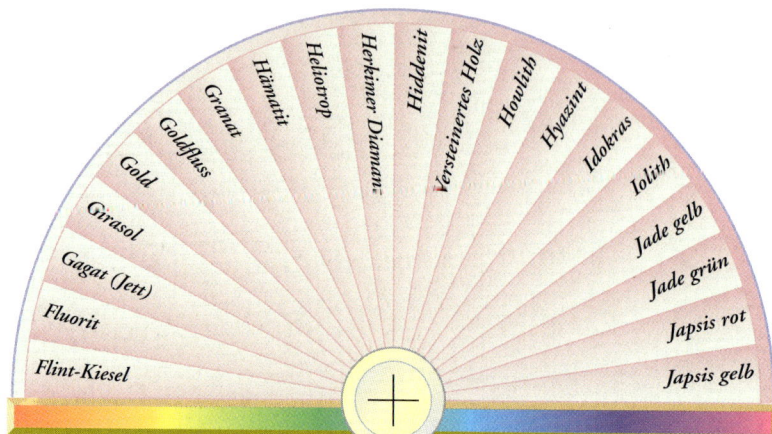

Steintafel 3

Flint-Kiesel, Fluorit, Gagat (Jett), Girasol, Gold, Goldfluss, Granat, Hämatit, Heliotrop, Herkimer Diamant, Hiddenit, Versteinertes Holz, Howlith, Hyazint, Idokras, Iolith, Jade gelb, Jade grün, Japsis rot, Japsis gelb

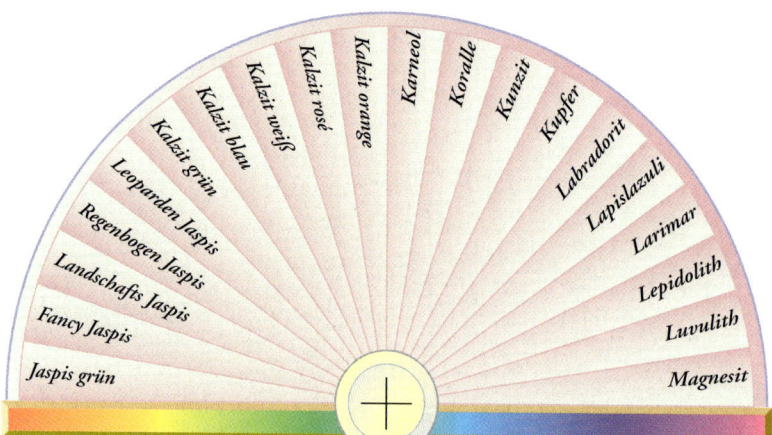

Steintafel 4

Jaspis grün, Fancy Jaspis, Landschafts Jaspis, Regenbogen Jaspis, Leoparden Jaspis, Kalzit grün, Kalzit blau, Kalzit weiß, Kalzit rosé, Kalzit orange, Karneol, Koralle, Kunzit, Kupfer, Labradorit, Lapislazuli, Larimar, Lepidolith, Luvulith, Magnesit

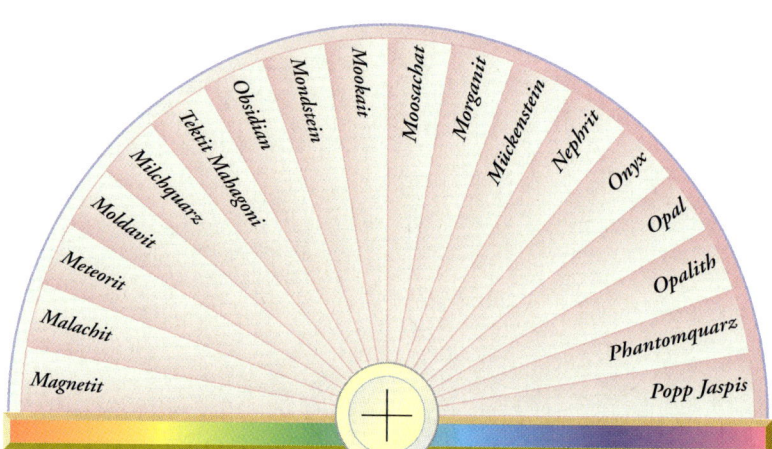

Steintafel 5

Magnetit, Malachit, Meteorit, Moldavit, Milchquarz, Tektit Mahagoni, Obsidian, Mondstein, Mookait, Moosachat, Morganit, Mückenstein, Nephrit, Onyx, Opal, Opalith, Phantomquarz, Popp Jaspis

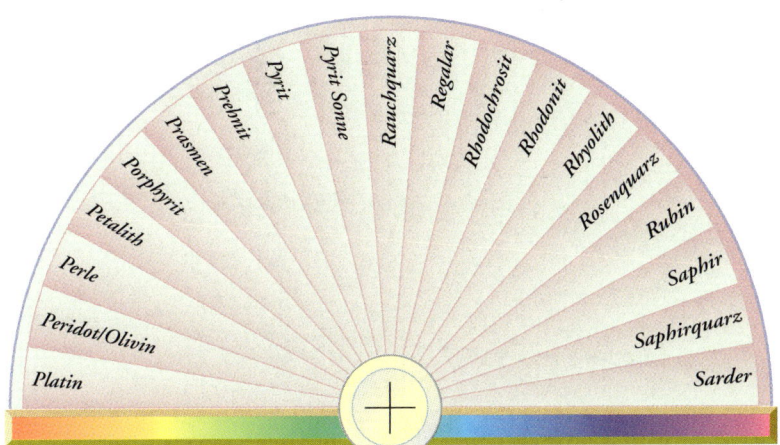

Platin
Peridot/Olivin
Perle
Petalith
Porphyrit
Prasmen
Prehnit
Pyrit
Pyrit Sonne
Rauchquarz
Regalar
Rhodochrosit
Rhodonit
Rhyolith
Rosenquarz
Rubin
Saphir
Saphirquarz
Sarder

Steintafel 6

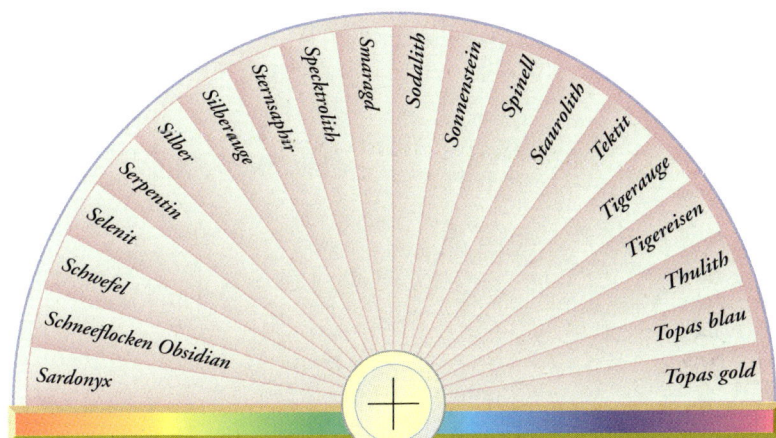

Sardonyx
Schneeflocken Obsidian
Schwefel
Selenit
Serpentin
Silber
Silberauge
Sternsaphir
Spektrolith
Smaragd
Sodalith
Sonnenstein
Spinell
Staurolith
Tektit
Tigerauge
Tigereisen
Thulith
Topas blau
Topas gold

Steintafel 7

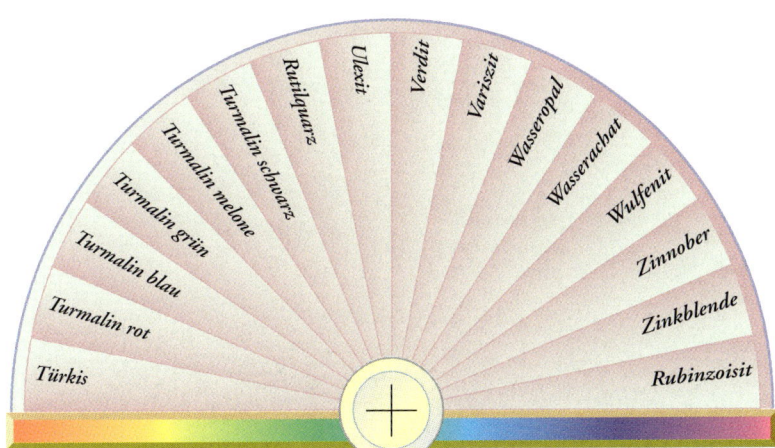

Türkis
Turmalin rot
Turmalin blau
Turmalin grün
Turmalin melone
Turmalin schwarz
Rutilquarz
Ulexit
Verdit
Variszit
Wasseropal
Wasserachat
Wulfenit
Zinnober
Zinkblende
Rubinzoisit

Steintafel 8

Sternzeichen

Wenn wir das Sternzeichen von einer anderen Person in Erfahrung bringen wollen, so muß diese Person entweder persönlich anwesend sein oder wir benötigen einen Zeugen (Foto oder sehr persönlicher Gegenstand der Person). Mögliche Fragestellungen:

Welches Sternzeichen hat eine Person?

Welche Sternzeichenenergie fördert mich zu Zeit?

Welches Sternzeichen paßt am besten zu mir als Partner, Freund, Mitarbeiter, Kollege usw.?

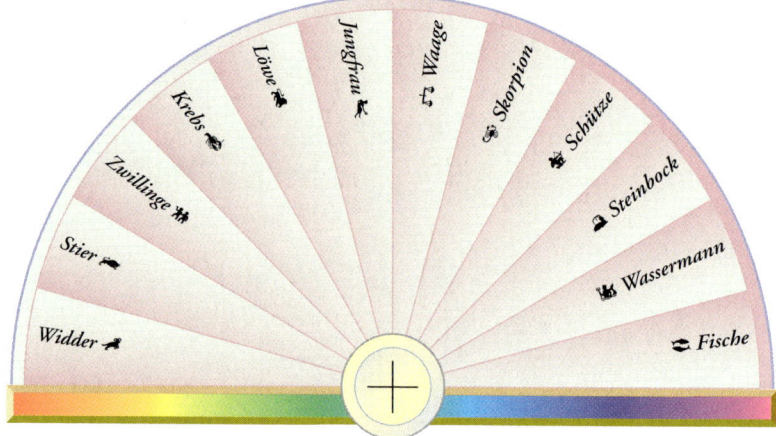

Planetenenergie

Welche Planetenenergie kann ich für meine Vorhaben nutzen?

Welche Planetenenergie unterstützt meine Vorhaben?

Welche Planetenenergie behindert meine Vorhaben?

Welche Planetenergie beeinflußt meine Beziehung?

Wie aus der Astrologie bekannt sein dürfte, „beeinflussen die Planeten unsere Geschicke". Mit der folgenden Pendeltafel können wir erfahren, welche Planetenenergie unseren Vorhaben zuträglich und welche Energien ihnen abträglich sind. Die Bedeutung der einzelnen Planeten entnehmen Sie bitte der entsprechenden Literatur. Beachten Sie jedoch, daß in dieser Tafel auch (ganz bewußt) die Erde, die Sonne und der Mond enthalten sind.

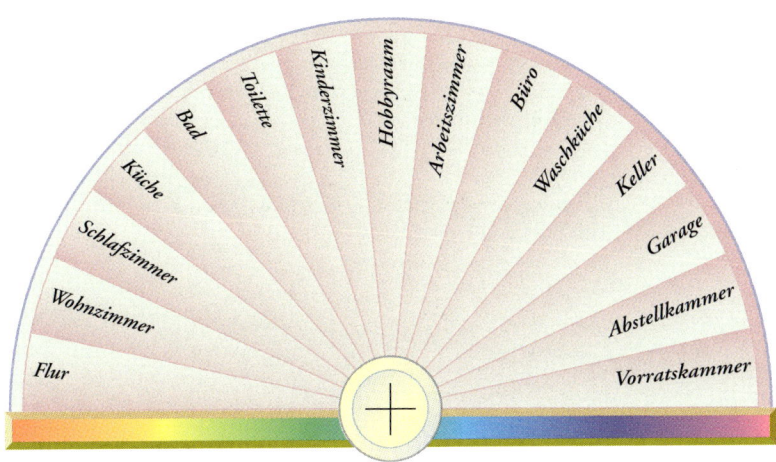

Wohnung/Haus

Welcher Raum ist mit den besten Energien versehen?
In welchem Raum sind die schlechtesten Energien?
Welchen Raum sollte ich am ehesten verändern?
In welchem Raum sollte ich mich am ehesten aufhalten?
Welchen Raum sollte ich am meisten meiden?
In welchem Raum kann ich am besten schlafen?
In welchem Raum gibt es Störzonen (z.B. Wasseradern)?

Feng Shui Pa Kua des Lebensraumes

Welche Zone in meinem/er Haus/Wohnung/Zimmer ist zu stark betont?
Welche Zone ist zu schwach betont?
Welche Zone muß verändert werden?
Welche Zone ist perfekt?
Welche Zone muß ich verändern um meine Lebenssituation zu verbessern?
Welche Zone muß ich verändern, um mein Problem zu lösen?
Gibt es eine Zone, die ich unbedingt meiden sollte?

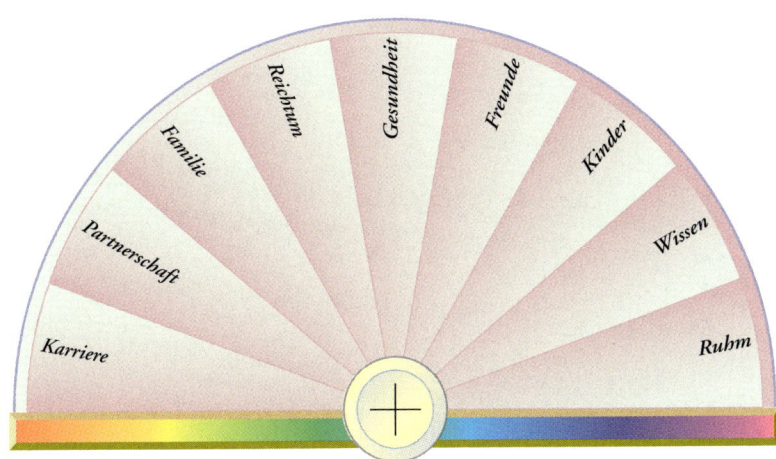

Feng Shui-Artikel und Glücksbringer

Feng Shui-Glücksbringer und Zubehör kann man inzwischen in jedem gut sortierten Esoterikfachhandel erwerben. Es stellt sich nur die Frage, was ist gut und nützt und was braucht man gar nicht. Die folgende Pendeltafel bringt hier Abhilfe. Wenn Sie mehr über dieses Thema erfahren möchten, empfehle ich Ihnen die beiden Bücher von Brigitte Gärtner „Wenn Räume erwachen" und „Feng Shui-Glücksbringer", beide Bücher sind im Windpferd Verlag erschienen.

Beachten Sie bitte bei der Fragestellung, daß Sie möglichst genau fragen, um Mißverständnisse zu vermeiden. Also beziehen Sie die Fragen immer genau auf einen Raum oder eine Pa Kua-Zone.

Welche Feng Shui-Glücksbringer eignen sich für meine (Zimmer) Wohnung?

Welche Feng Shui-Glücksbringer sollte ich unbedingt verwenden?

Welche Feng Shui-Glücksbringer brauche ich keinesfalls?

Wenn sie die Felder „Entfernen" und „Verändern" auspendeln, sollten Sie mit einer selbstentworfenen Tafel weitermachen, um herauszufinden, was zu entfernen oder zu verändern ist.

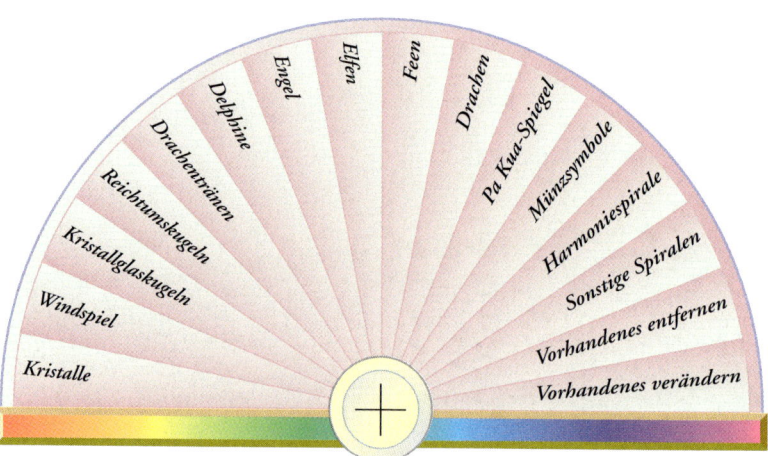

Kristalle · Windspiel · Kristallglaskugeln · Reichtumskugeln · Drachentränen · Delphine · Engel · Elfen · Feen · Drachen · Pa Kua-Spiegel · Münzsymbole · Harmoniespirale · Sonstige Spiralen · Vorhandenes entfernen · Vorhandenes verändern

Musiktendenzen

Welche Musik entspricht am meisten meinem Naturell?

Welche Musik würde mir mehr schaden als nützen?

Welche Musik wäre meiner Entwicklung am zuträglichsten?

Welche Musik bringt mir am meisten Entspannung?

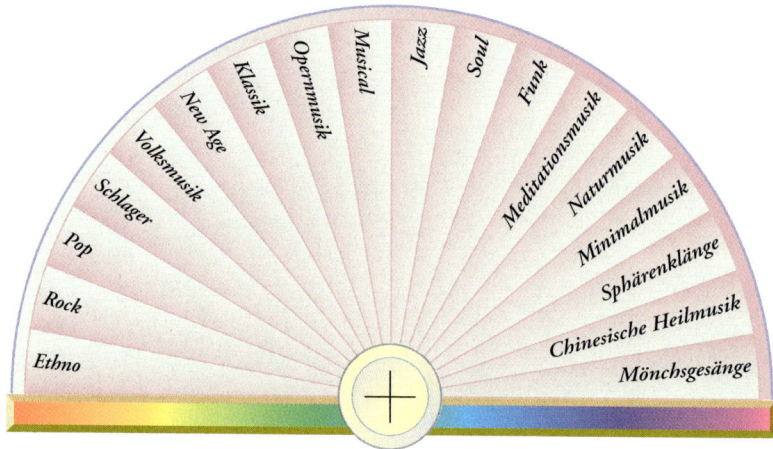

Ethno · Rock · Pop · Schlager · Volksmusik · New Age · Klassik · Opernmusik · Musical · Jazz · Soul · Funk · Meditationsmusik · Naturmusik · Minimalmusik · Sphärenklänge · Chinesische Heilmusik · Mönchsgesänge

Körperorgane und Körperbereiche

Die folgenden Tafeln sind keineswegs vollständig und dienen lediglich dazu, etwas räumlich „einzukreisen". Wenn alle möglichen Regionen des Körpers aufgelistet wären, würden die dazugehörigen Pendeltafeln alleine schon ein kleines Buch füllen. Falls Sie selbst daran interessiert sind, dieses Thema genauer zu erforschen, sollten Sie sich die Mühe machen und entsprechende Tafeln selber ausfüllen.

Mögliche Fragestellungen:

Welcher Bereich meines Körpers ist am stärksten?

Welcher Bereich meines Körpers ist am schwächsten?

Welcher Bereich meines Körpers wird am meisten genutzt?

Welcher Bereich meines Körpers ist geschädigt?

Welcher Bereich meines Körpers braucht am meisten Aufmerksamkeit?

Welchen Bereich meines Körpers sollte ich medizinisch untersuchen lassen bzw. welcher Bereich benötigt Hilfe medizinischer Art?

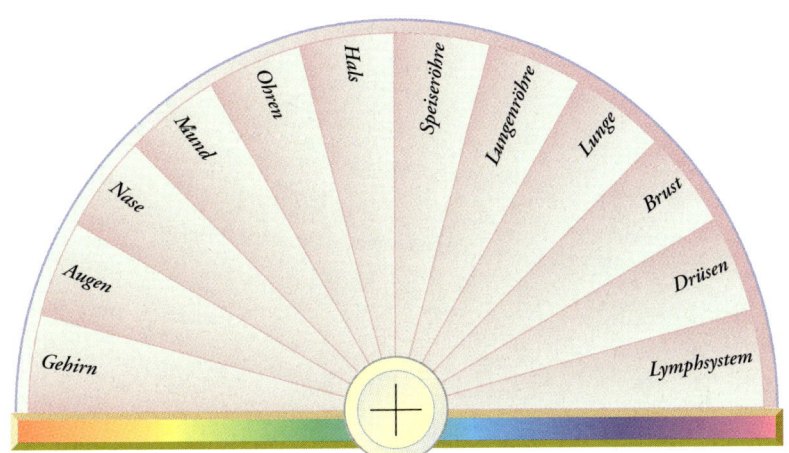
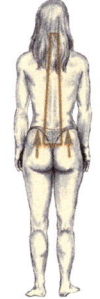

Tafel 1

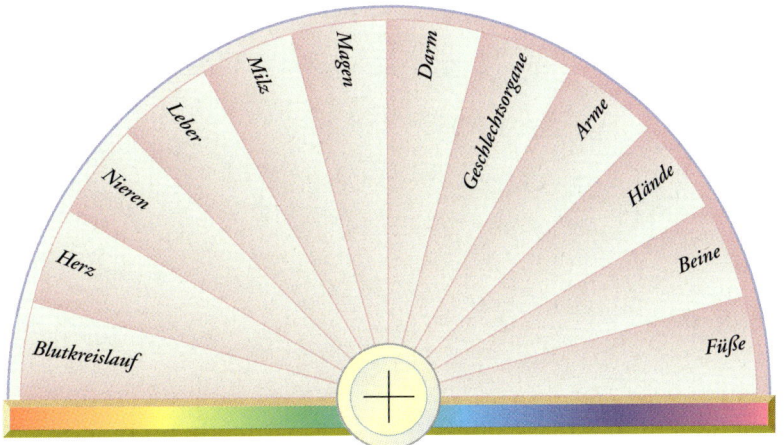

Tafel 2

Chakras

Bei den Chakren handelt es sich um eine uralte Lehre der Energiezentren des Körpers. Die Chakren, der biologische Körper und auch der seelische Zustand des Menschen stehen immer in irgendeiner Kausalität zueinander. Die Chakren eignen sich hervorragend zur Ursachenfindung und eine entsprechende Beeinflussung eignet sich auch zur Veränderung von Problemen. Entsprechende Informationen finden Sie in „Das Chakra Handbuch" von Sharamn Bagiuski, Windpferd.

Mögliche Fragestellungen:

Welches Chakra ist am weitesten geöffnet?
Welches Chakra ist am weitesten geschlossen?
Welches Chakra braucht am meisten Zuwendung?
Welches Chakra wird sich als nächstes entwickeln?
Welches Chakra ist mein Problem?

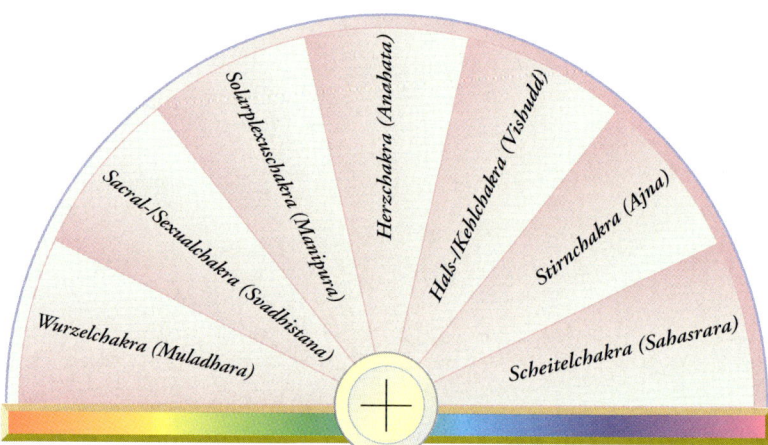

Tafel 1
Hauptchakren

Wurzelchakra (Muladhara)
Sacral-/Sexualchakra (Svadhisana)
Solarplexuschakra (Manipura)
Herzchakra (Anahata)
Hals-/Kehlchakra (Vishudd)
Stirnchakra (Ajna)
Scheitelchakra (Sahasrara)

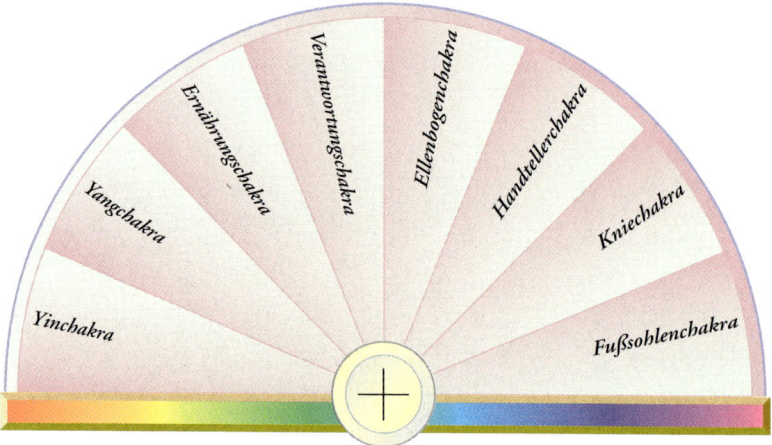

Tafel 2
Nebenchakren

Yinchakra
Yangchakra
Ernährungschakra
Verantwortungschakra
Ellenbogenchakra
Handtellerchakra
Kniechakra
Fußsohlenchakra

Gewichtsprobleme

Wie kann ich meine Ernährungs- und Gewichtsprobleme dauerhaft in den Griff bekommen?
Da Gewichtsprobleme sehr oft auf ernährungsspezifische Probleme zurückzuführen sind, liegt das größte Problem darin, etwas für sein Gewicht dauerhaft zu tun. Am leichtesten fällt uns dies natürlich mit Vorgehensweisen, die uns und unserem Unterbewußtsein liegen. Hier liegt wieder die Stärke des Pendels.

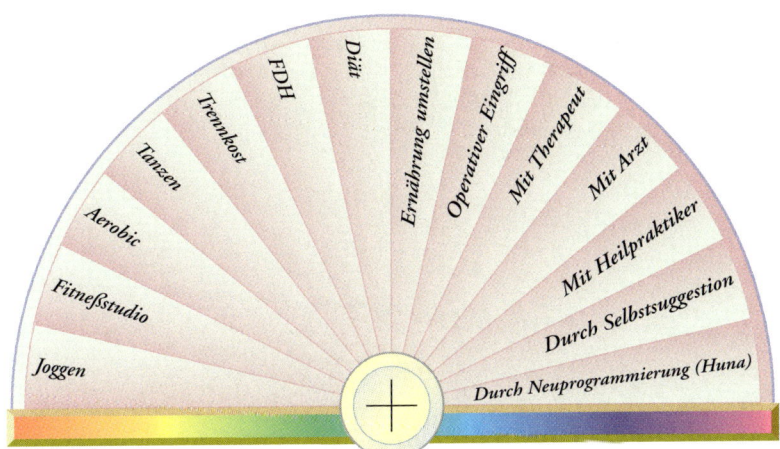

Urlaubsgestaltung

Welche der zahlreichen Möglichkeiten, den Urlaub zu gestalten, ist für mich jetzt die richtige?
Was ist für meine momentane Befindlichkeit/Gesundheit am besten?
Welche Art den Urlaub zu gestalten, bingt mich in meiner persönlichen Entwicklung am besten weiter?
Wo oder wobei kann ich interessante neue Menschen kennenlernen?
Die folgende Pendeltafel kann Ihnen eine Entscheidungshilfe sein:

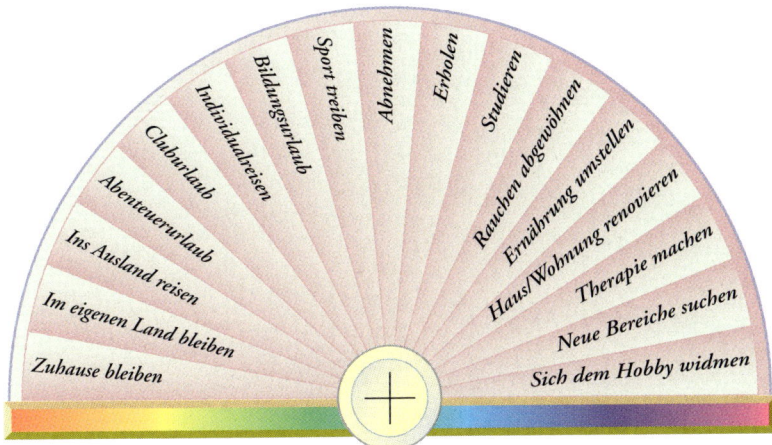

Tafel 1
Urlaubsgestaltung

Nahrungsmittelergänzungen

Nahrungsmittelergänzungen werden immer beliebter und haben sich schon in vielen Bereichen etabliert. Im professionellen Sport sind sie schon seit etlichen Jahren Standard. Erhalten können Sie diese Artikel im Fachhandel oder im Versandhandel.

Welches Mittel benötigt mein Körper zur Zeit am meisten?

Welches Mittel würde mir grundsätzlich guttun?

Welches Mittel wäre gut für meine Kinder/Frau/Mann/Familie?

Welches Mittel sollte ich meiden?

Wenn Sie sich ein Mittel auspendeln und dann erwerben möchten, sollten Sie sich nicht scheuen, mit dem Pendel bei Erhalt zu prüfen, ob das entsprechende Mittel auch wirklich der angegebenen Qualität entspricht.

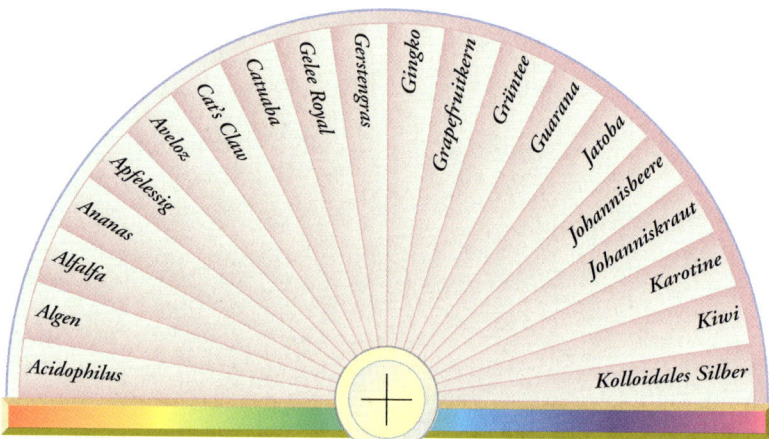

Tafel 1

Auflistung entnommen aus „Nahrungsmittel-ergänzungen im Trend" von Hendrik Hannes.

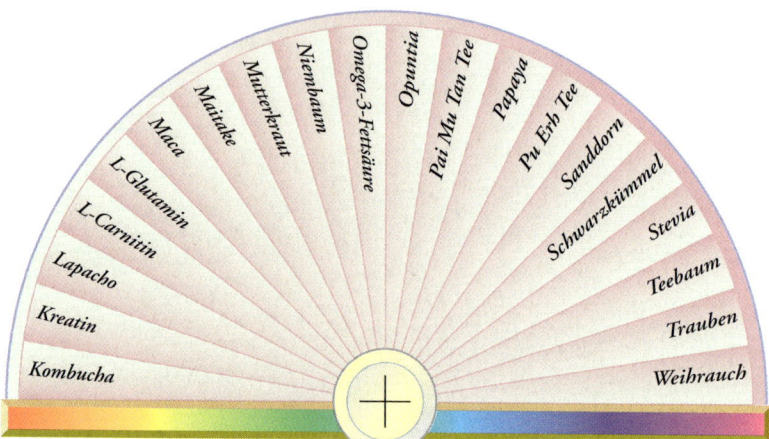

Tafel 2

Freizeit-Wochenendgestaltung

Sicherlich werden Sie sich fragen, wo es denn noch hinführen soll, wenn wir schon so weit gehen, daß wir das Pendel befragen müssen oder sollen, was wir heute abend tun sollen. Und damit haben Sie erst einmal recht. Es gibt Dinge, die sollten wir ganz einfach ohne großes Theater spontan entscheiden. Aber oft genug kommt es auch vor, daß wir mehrere Dinge zur Auswahl haben und uns nur schwer entscheiden können, was nun das Beste ist. Dann können wir das Pendel zur Hilfe nehmen und uns mit einfachen Ja- und Nein-Fragen weiterhelfen. Abgesehen von Zeiten, wo wir gar keinen Antrieb haben und wir wirklich jemanden gebrauchen könnten, der uns einen Anstoß gibt, so gibt es auch Zeiten, wo wir so viele Ideen haben, daß wir selber nicht so richtig wissen, wo die Priorität liegen sollte. Da es Zeiten gibt, in denen entweder die normale materielle Welt oder die geistige Welt Vorrang hat, habe ich zwei Pendeltafeln entworfen. Es ist selbstverständlich auch möglich, die eine mit der anderen zu kombinieren.

Als erstes Pendeln Sie aus, welche der beiden Tafeln am ehesten Ihren derzeitigen Bedürfnissen entspricht. Dann nehmen Sie die entsprechende Pendeltafel und pendeln einfach Ihr Thema aus.

Mögliche Fragestellungen:

Was tun heute Abend?
Was tun am Wochenende?
Was tun in der Freizeit?

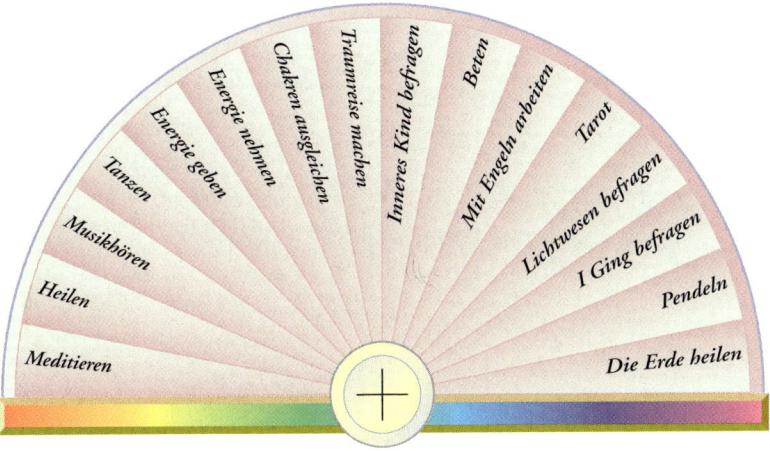

Tafel 1
Freizeitgestaltungs-
möglichkeiten
(materielle Ebene)

Tafel 2
Freizeitgestaltungs-
möglichkeiten
(spirituelle Ebene)

Farben

Farben sind eine Definiton für Lichtwellen, die durch das menschliche Auge wahrgenommen werden können. Je nachdem in welcher Frequenz oder auch Schwingung die Lichtwelle schwingt so wird dies von uns als entsprechende Farbe gesehen. Wenn keinerlei sichtbare Lichtwellen vorhanden sind, so sehen wir schwarz, sind alle Arten der sichtbaren Lichtwellen vorhanden so sehen wir weiß.

M ögliche Fragestellungen:

Welche Farbe entspricht mir am meisten (Kleidung)?

Welche Farbe sollten meine Wohnräume haben?

Welche Farbe tut mir gut (Farbtherapie)?

Welches farbige Licht tut dieser Pflanze gut?

Welche Farbe für mein neues Buchcover?

Welche Farbe für die Werbezettel meiner Praxis?

Welche Farbe für mein neues Auto?

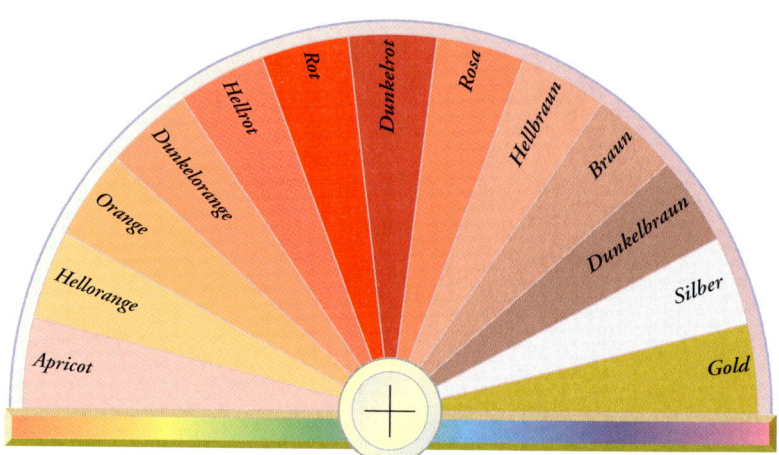

Farbtafel 1

Farbtafel 2

Runen

Runen gehören zu den altüberlieferten Systemen, die sich darum bemühen, das gesamte Universum, den Mikrokosmos und den Makrokosmos zu begreifen und symbolisch darzustellen. Auch sich selbst kann man mittels Runen in Bezug zum kosmischen Gefüge setzen. In jedem Fall sind Runen schlicht und ergreifend starke Kraftsymbole.

Mögliche Fragestellungen:

Welche Rune gibt mir Kraft für die Anforderungen des heutigen Tages?

Welches Runensymbol soll mich heute als Talisman begleiten?

Welche Rune aktiviert meine Selbstheilungskräfte?

Ich möchte die Energie der Runen näher kennenlernen. Mit welcher einzelnen Rune soll ich mich zuerst näher beschäftigen?

(Praktische Literatur dazu: „Das Runen-Handbuch" von Reinhard Florek, Windpferd)

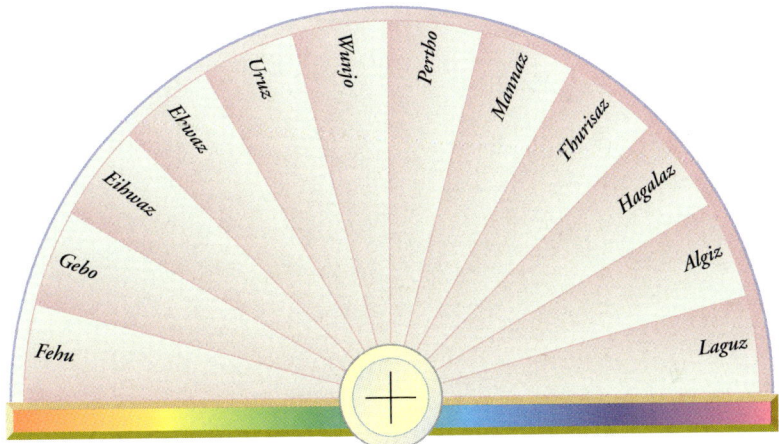

Runentafel 1

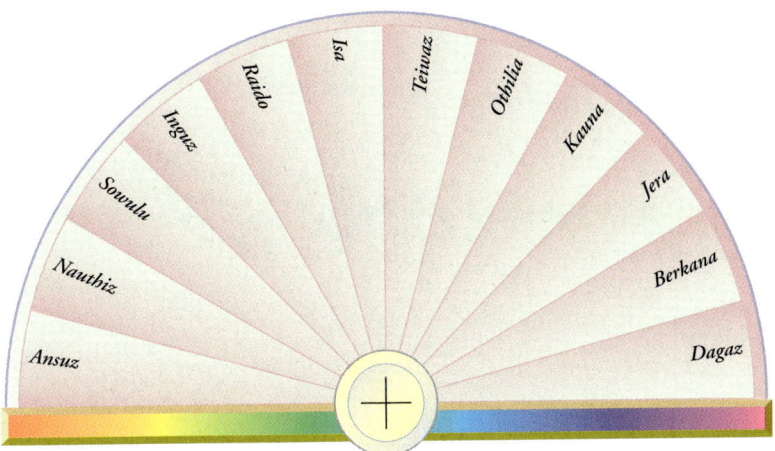

Runentafel 2

Tarot

Beachten Sie bitte, daß es natürlich viel sinnvoller ist wenn Sie Ihre Tarotkarten
mischen und die entsprechenden Karten ziehen. Interessant wird es jedoch wenn man
mit der Pendeltafel eine ergänzende Karte auspendelt.

Fragestellung:

Welches ist meine Tageskarte?

Welche Karte begleitet mich durch den Tag?

Welche Karte symbolisiert mein Problem?

Welche Karte ist die Antwort auf mein Problem?

Vorgehensweise:

Sie Nehmen die Pendeltafel denken an Ihre Frage und sehen welche Karte das Pendel
auswählt. Falls Sie die entsprechende Bedeutung der Karte nicht kennen, so können
Sie diese in der entsprechenden Literatur nachlesen. Buchtip . . .

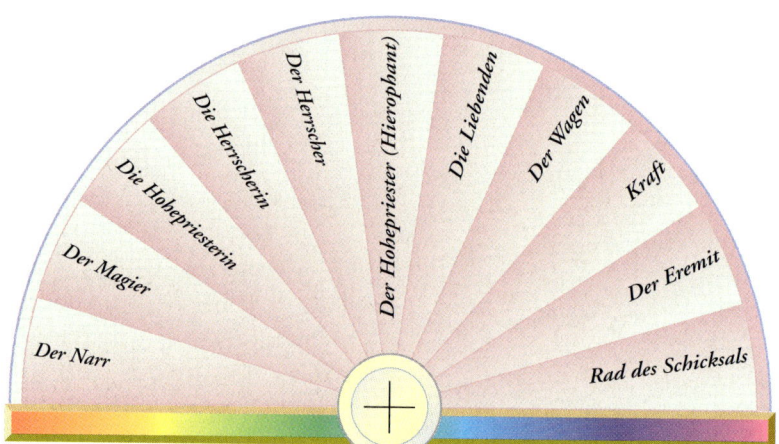

Tarottafel 1

Tarottafel 2

Pendeltafeln zum Ausfüllen:
Natürlich kann hier nur eine kleine Auswahl an Möglichen Fragestellungen vorgestellt werden. Die drei folgenden Tafeln können für weitere Fragen genutzt werden. Pendeltafeln können Sie sich auch leicht und schnell selbst aufzeichnen – und damit steht die ganze Bandbreite aller möglichen Fragen offen. Viel Vergnügen wünsche ich Ihnen!

Adressen und Bezugsquellen:
Der Leserservice des Windpferd-Verlages hält eine Liste mit Herstellern von Pendeln für Sie bereit. Diese Liste wird ständig aktualisiert. Sie können sie unter folgender Internet-Adresse abrufen: **www.windpferd.de.** Einfach den Buchtitel eingeben und unter „Serviceliste" nachsehen.

Weitere Titel aus dem Windpferd Verlag

Ghanshyam Singh Birla
Dein Karma in der Hand
Die alte indische Kunst des Handlesens – Tor zur Selbsterkenntnis

Mit dem Studium der „Handkarte" den Bauplan des Lebens erkennen und für die spirituelle Entwicklung nutzen.

In diesem Buch geht es im Grunde nicht um Zukunftsdeutung, sondern um die Freiheit, die uns in der Gestaltung unseres Lebens gegeben ist. Also um die spirituellen Aspekte, um vergangene Verhaltensmuster, die auch unsere Zukunft beeinflussen. Das Studium der Linien und Zeichen in den Händen enthüllt Muster, die sich in der Folge unserer Reinkarnationen oder aktuellen Handlungen herausgebildet haben. Die eine Hand offenbart unser inneres Leben, die andere unser äußeres. In der Landkarte der Hand können wir uns selbst auf unserem Weg erkennen und den zukünftigen Kurs besser navigieren. Wir können etwas unternehmen, nicht mehr unnötig auf der Stelle treten, sondern neue Wege gehen.

Hier geht es darum, die schöpferische Kraft zu erkennen, die sich in der Seele spiegelt. Vedisches Handlesen beruht auf denselben Prinzipien wie auch Yoga, Ayurveda und Vedische Astrologie. Birlas Buch ist ein spiritueller Ratgeber – und zugleich eine wundervoll umfassende und komprimierte Darstellung der Vedischen Kosmologie, deren mikrokosmisches Abbild der Mensch in seiner Entwicklung ist.

Ghanshyam Singh Birla ist kein Wahrsager, sondern ein weiser Ratgeber, der seine Klienten auf ihrem spirituellen Weg begleitet.

112 Seiten, Paperback, 17 x 24 cm, durchgängig schwarzweiß illustriert, ISBN 978-3-89385-411-0

Walter Lübeck
Das Pendel Handbuch
Alles, was man zum richtigen Pendeln wissen muss – Mit vielen praktischen Tipps

Jeder, der das Pendeln von Grund auf erlernen will, ist mit diesem Buch gut beraten, denn es beantwortet die Fragen, die normalerweise beim Erlernen der Pendelkunst nach den ersten Pendelerfahrungen auftreten. Es enthält darüber hinaus viele wichtige und interessante Informationen, die auch für professionelle Pendler Neues bieten können. Das Buch enthält viele der wichtigsten Pendeltafeln aus den Bereichen Nahrung, Aromen, Bachblüten, Edelsteine, Chakren, Kräuter, Partnerschaft usw. und zeigt, wie man sie handhabt und größtmöglichen Nutzen daraus zieht.

160 Seiten · ISBN 978-3-89385-093-8

Fons Delnooz
Energetischer Schutz
Wie man sich vor Energieverlust, verunreinigten Energien und unerwünschter Schwingungsresonanz schützen kann – Mit vielen praktischen Anleitungen

Dieses Buch ist ein Muss für Therapeuten und Patienten, die mit Energien und Körperenergien arbeiten, aber auch ein Buch für empfindsame Seelen, die beruflich oder privat viel mit Menschen zu tun haben. Energieverlust sowie die Aufnahme verunreinigter Energien und Schwingungsresonanzen können dazu führen, dass man immer häufiger nach der Arbeit extrem müde und reizbar nach Hause kommt, kaum noch Energie für Familie und Freunde oder andere Aktivitäten aufbringen kann. Irgendwann wird einem klar, dass man die Energie von Patienten/Klienten oder Mitmenschen in sich aufnimmt – man ist regelrecht „kontaminiert" beziehungsweise regelrecht „ausgelaugt". Neben plötzlicher Müdigkeit können Reizbarkeit, Apathie, Schmerzen und Erschöpfung eine Folge dieser energetischen Kontakte sein.

Mit diesem Buch wird man lernen, Schritt für Schritt diesem Energieverlust vorzubeugen, auch im zwischenmenschlichen Energieaustausch, selbst über große Entfernungen hinweg. Ein wichtiger Ratgeber, um beispielsweise zu erkennen, was Energiekontamination ist und wie es zu Energieverlusten kommt, welchen Einfluss die Nahrung auf unser Energiesystem hat und wie elektromagnetische Schwingungen unser Aurafeld beeinflussen.

144 Seiten, mit 40 Zeichnungen, ISBN 978-3-89385-522-3

Noch mehr Titel finden Sie unter www.windpferd.de

Weitere Titel aus dem Windpferd Verlag

Lise Bourbeau

Höre auf Deinen besten Freund, auf Deinen Körper

Spirituelle Ursachen von Konflikten, Krankheiten und Unfällen, Alarmsignale frühzeitig entschlüsseln

Allzuoft hindern wir uns selbst daran, unsere Träume zu verwirklichen und das Glück der Liebe, der Gesundheit und der inneren Harmonie zu erfahren. Wir setzen uns zu viele Grenzen und das macht uns krank. Krankheiten sind Alarmsignale der Seele. Diese Signale rechtzeitig wahrzunehmen und zu deuten, kann bisweilen sogar lebensrettend sein. Die spirituellen Ursachen frühzeitig zu erkennen und das Schlimmste zu verhindern, das ist die besondere Botschaft Lise Bourbeaus. Dann öffnen sich die Grenzen und unendliche Möglichkeiten zur persönlichen Entwicklung tun sich auf. Dieses Buch ist ein praktischer Begleiter und eine wertvolle Hilfe für all jene, die ihre innere Suche beginnen oder fortführen wollen.

216 Seiten · ISBN 978-3-89385-224-6

Pete A. Sanders

Das Handbuch übersinnlicher Wahrnehmung

Übersinnliche Fähigkeiten entdecken und trainieren

Feinfühligkeit, Intuition, Hören innerer Stimmen, Hellsehen, Aurasehen und Selbstheilung

Der Mensch ist eine Seele, die einen Körper hat, lautet die Botschaft dieses Buches. Es zeigt uns, auf welche Weise wir grenzenlos sind und danach streben, unser volles Potenzial und unser höheres Wissen zu leben.

Die Welt der inneren Weisheit ist real, und jeder kann ein Teil von ihr sein, denn alle Menschen haben bisweilen Fähigkeiten, die über das Gewohnte hinausgehen. Doch nur wenige wissen, dass es möglich ist, diese Sensitivität bewusst zu nutzen.

Pete A. Sanders hat während der Jahre, die er am Massachusetts Institute of Technology Biomedizinische Chemie und Neurologie studierte, Grundlagen und Methoden entdeckt, die übersinnliche Wahrnehmung für jeden möglich macht.

280 Seiten · ISBN 978-3-89385-444-8

Salish

Die Kipper Wahrsage-Karten

Die Kipper-Karten sind alte Zigeunerkarten, deren genaues Alter wie auch die Wege, auf denen sie schließlich zu uns gelangten, im Verborgenen liegen. Derzeit erleben die Kipper-Karten eine Renaissance. Die von dem Künstler Salish gestalteten Karten halten sich in ihrer Symbolik und Aussagekraft ganz nah an der Gestaltungsweise der ursprünglichen Karten aus der Zeit um das Jahr 1900. Die einfachen und klaren Bilder geben dem Fragenden viele konkrete Hinweise auf Verborgenes und Zukünftiges, und diese Klarheit macht die Faszination und den großen Erfolg der Kipper-Karten aus. Man kann mit ihrer Hilfe erkennen wo das Problem liegt und wie man es bewältigen kann.

ISBN 978-3-89385-383-0

Noch mehr Titel finden Sie unter www.windpferd.de